KB012407

경남대 극동문제연구소 북한연구 시리즈 41

사회주의 정치·경제 체제전환과 글로벌 거버넌스

이수훈 엮음

한울
아카데미

이 도서의 국립중앙도서관 출판시도서목록(CIP)은 서지정보유통지원시스템 홈페이지
(http://seoji.nl.go.kr)와 국가자료공동목록시스템(http://www.nl.go.kr/kolisnet)에서
이용하실 수 있습니다. (CIP제어번호 : CIP2014003017)

서문

경남대학교 극동문제연구소는 한국연구재단의 지원을 받아 2005년부터 교육과학기술부 학술연구조성사업비로 '중점연구'를 수행하고 있다. 이 책은 이 연구의 3단계 1차년도 결과물의 일부이다. 내용상으로는 '북한의 체제전환과 글로벌 거버넌스(North Korea's Transition and Global Governance)'라는 3단계 연구의 대주제 속에서 '사회주의 체제전환과 글로벌 거버넌스'라는 세부 주제에 집중된 결과물들을 엮은 것이다. 이 책에서는 총 7명의 필자가 단독 또는 협동 과정을 통해 정치경제적 차원에서 이루어진 각국의 체제전환 사례를 통해 북한의 체제전환에 대비한 함의를 도출하고자 노력했다.

북한의 체제전환과 국제협력에 초점을 맞춰 진행되고 있는 경남대학교 극동문제연구소의 장기 프로젝트는 분석 수준에 따라 3단계로 구성되어 있다. 1단계(2005.12~2008.11)에서는 북한의 대내외적 변수에 초점을 맞추어 비교 사회주의적 시각에서 북한의 체제전환 가능성과 이를 지원하기 위한 국제협력의 과제를 분석했다. 이를 바탕으로 2단계(2008.12~2011.11)에서는 동북아시아 지역 수준에서 동북아시아 질서의 변화와 북한 체제전환과의 상관성을 분석했다. 현재 3단계(2011.12~2014.11)에서는 글로벌 수준에서 북한 체제전환에 대한 국제적 관여와 개입에 대한 연구를 수행하고 있다.

이 책은 6개의 논문으로 구성되어 있는데, 각 논문은 '글로벌 거버넌스와 북한의 정치경제적 체제전환'이라는 주제 속에서 주로 사회주의 체제전환에서 나타난 다양한 사례를 담고 있다. 각 논문의 내용을 간략하게 살펴보면 다음과 같다.

먼저 제1장 "글로벌 핵비확산 레짐과 구소련 3국 핵포기 촉진 요인 연구"는 소련의 해체과정에서 핵보유국이 된 카자흐스탄, 벨라루스 그리고 우크라이나 3국의 핵포기 과정을 경험적으로 살펴봄으로써 체제전환 과정에서 북한에 줄 수 있는 함의와 국제협력의 기능성을 평가하고 있다. 구소련 3국의 경험을 분석한 이유는 그들의 핵포기 결단이 현재까지의 비핵화 역사에서 가장 성공적인 사례로 평가되기 때문이다. 또한 이 과정에서 핵보유보다 핵포기가 이들 국가에 더 많은 국가이익을 제공했다는 점에서 북한의 핵무기 포기를 견인하는 국제사회의 역할과 방향이 규정될 수 있을 것이라는 판단 때문이었다. 결론적으로 구소련 3국의 비핵화 사례가 북핵문제 해결에 주는 시사점은 다음과 같다. 첫째, 핵포기를 위해서는 무엇보다도 당사국의 비핵화 의지가 중요하다. 이런 점에서 핵보유국이라는 지위 획득을 헌법에까지 명시한 북한의 자부심을 누그러뜨릴 방안이 과연 존재할 수 있을까에 대해서는 의구심이 앞선다. 둘째, 사회주의국가의 핵포기는 체제전환이라는 정치적 변동과정에서 비교적 수월한 가능성을 보인다. 따라서 국제사회로의 편입을 유도하지 않고서는 북한의 자발적 핵포기는 쉽지 않은 '작전'이 될 것이다. 셋째, 지역안보의 협력적 구도가 있어야 핵포기의 가능성이 높아진다는 점이다. 핵보유국이 핵을 포기할 때는 그에 상응하는 안보위협 해소의 과정이 동반되어야 한다. 이 점에서 동북아의 협력적 안보질서의 필요성이 대두된다.

제2장 "중국의 경제발전과 글로벌 개발원조 거버넌스: 공적개발원조

(ODA)의 역할을 중심으로"에서는 중국이 체제개혁기에 직면한 환경과 경제발전 전략을 분석함으로써 글로벌 개발원조 거버넌스가 어떻게 작동했는지를 알아보고 있다. 중국의 경제발전 과정에서 작용한 개발원조의 역할과 영향은 결국 개혁과 개방을 통한 경제적 활로를 모색해야 할 북한의 현재와 미래를 읽는 데 함의를 제공하는 중요한 경험이기 때문이다. 서방의 대중국 ODA는 개혁·개방 과정에서 선진국의 발전경험을 중국에 제공하는 통로가 되었으며 세계화를 위한 초석을 쌓았다. 비록 외국인 직접투자가 더 큰 비중을 차지했지만, 세계은행과 일본 등에 의한 개발원조는 선진적 제도의 이식과 기술적 지원을 통해 중국의 체제개혁과 대외개방에 중요한 역할을 수행한 것으로 평가된다. ODA의 역할을 비롯한 국제사회의 대중국 지원 및 이를 통한 개혁·개방의 가속화 배경에는 1970년 초 미국과의 관계 개선이 중요한 전환점이 되었다. 이는 북미관계의 진전이 북한의 체제전환 가능성을 확대하는 중요한 계기라는 점을 확인하게 해준다.

다음으로 제3장 "미얀마 군부정권의 월경 경제협력과 체제전환의 동학"에서는 권위주의 독재정권이라는 점에서 북한과 공통점을 가지고 있는 미얀마의 대중국 월경 경제협력(cross-border economic cooperation)이 내부적인 체제전환에 어떤 영향을 미쳤는지를 검토한다. 이 글에서는 글로벌 거버넌스의 특수한 형태로서 미얀마-중국 간의 월경경협의 기본 특징을 살펴보고, 월경경협의 체제전환 촉진효과와 수용국 국가의 관계에 관한 일반론을 간략하게 검토한다. 이러한 예비적 논의 위에서 '신가산제적 사인독재정권'으로서 미얀마 군부정권의 대중국 월경경협의 체제전환 유관효과를 검토한다. 특히, 미얀마 군부정권의 신가산제적 지배의 주요 특성들이 월경경협 성과(외부지대의 실현)와 군부정권의 권력승계 제도화 및 체제전환과 어떻게 연관되어 있는지를 집중적으로 알아본다. 미얀

마 군부정권의 대중국 월경경협이 체제전환에 미친 영향의 검토는 글로
벌 거버넌스의 북한의 대중국 월경 경제협력이 체제전환과 관련해서 줄
수 있는 시사점을 도출하는 데 일정하게 도움이 될 수 있을 것이다.

제4장 "미디어와 동유럽 시민사회의 형성: 시민혁명적 체제전환의 사
례"는 소련, 체코슬로바키아, 루마니아에서의 체제전환 사례를 통해 미
디어가 시민사회의 형성에 어떤 영향을 끼쳤는지를 알아본다. 이들 세 국
가에서의 체제전환 발생의 일반적 공통점으로는 지배연합의 균열이 체제
전환을 야기했다는 점을 들 수 있다. 즉, 지배연합의 균열이 대중의 집합
행동과 연계되면서 시민혁명적 체제전환이 발생했다. 대중의 집합행동에
서 촉매제 역할을 한 것은, 전화·복사기·팩스 등의 미디어와 서구와 주변
국가의 라디오와 텔레비전 등이었다. 세 국가의 정치적 반대파들은 이 미
디어를 적절히 활용했고, 공산당이 독점하던 라디오와 텔레비전을 장악
하게 되면서 시민혁명적 체제전환을 주도했다. 이런 점에서 북한의 지배
연합은 다른 사회주의국가와는 다른 최소지배연합의 성격을 띠고 있기
때문에 균열의 여지가 상대적으로 적다고 할 수 있다. 따라서 미디어를
활용할 수 있는 정치적 반대파가 등장할 가능성에 대한 논의가 필요하지
만 그 가능성은 매우 낮다.

제5장 "글로벌 인권 거버넌스의 역할과 한계: 중국 톈안먼 사건으로부
터의 교훈"에서는 국제사회에서의 거버넌스적 접근이 북한의 인권개선
및 나아가 체제전환의 한 축이 될 수 있을 것인지를 알아본다. 이를 위해
톈안먼 사건에서 나타난 중국의 사례를 분석함으로써 사회주의 체제전환
과 글로벌 인권 거버넌스의 상관성을 분석하고 이러한 논의가 북한의 변
화에 주는 시사점이 무엇인지를 밝혀보고자 한다. 헬싱키 프로세스로 대
표되는 동유럽의 경험과는 일정한 거리를 두고서 중국은 소련 및 동유럽
사례와 달리 점진적 개혁·개방의 성공을 통해 정치변화 없이 경제체제의

전환을 이루어냈다. 그러나 이 과정에서 정치적 개혁 및 인권 요구가 강조되면서 급기야 톈안먼 사건이 발생했다. 톈안먼 사건에 대한 미국을 비롯한 국제사회의 개입이 나름대로 이루어졌지만 그 성과는 만족스럽지 못했고, 국가이익을 축으로 한 개별적 논의에 그치고 말았다고 평가된다. 중국의 경험을 바탕으로 사회주의 체제전환 과정에서 인권개선을 위한 국제적 노력이 실제로 인권개선에 미치는 영향은 제한적일 수밖에 없다. 그러나 북한 인권문제가 북한의 개혁·개방 과정에서 불가피한 통과의례가 될 것이므로 중국의 경험은 국제사회뿐만 아니라 북한 스스로에게도 많은 시사점을 줄 것이다.

마지막으로 제6장 "동유럽 사회주의 체제전환과 글로벌 거버넌스: 서독의 동방정책과 CSCE를 중심으로"에서는 동독의 체제전환과 통일이 거의 동시에 진행되었고, 서독의 동방정책과 유럽안보협력회의(CSCE)가 맥을 같이하면서 발전했다는 사실에 주목한다. 두 개의 역사적 사건은 동서독 간의 신뢰구축, 정보유통, 외부로부터의 지원이 맞물리면서 진행되었다. 그리고 그 연원이 브란트의 동방정책과 유럽정책에서 기인한다. 따라서 1970년대 브란트정권 시기의 '접근을 통한 변화'를 추구했던 동방정책이 CSCE와 어떻게 연결되는지를 살펴봄으로써, 이것이 한반도에 주는 시사점을 도출하는 것은 매우 유의미한 일이다. 적대적 또는 비우호적 상황에서의 안보협력은 포괄적 성격을 갖는 것이 중요하다. 높은 수준의 정치군사적 신뢰(high politics)의 구축은 낮은 수준의 사회경제적 협력(low politics)과 동시적으로 그리고 포괄적으로 진행되어야 가장 나은 효과를 낼 수 있기 때문이다. 결국 북한의 체제전환을 독려하고 유도하려는 우리의 입장에서 독일의 경험은 결과에 대한 수용만이 아니라 과정에 대한 정밀한 분석도 필요하다.

이상에서 간략히 살펴본 바와 같이, 이 책은 북한의 체제전환에 대한 전망과 가능성 및 그 방법론을 모색하기 위한 각국의 사례를 안보, 경제, 정치, 사회운동, 인권 등의 다양한 차원에서 시사점을 찾아내려 했다는 점이 특징적이다. 북한에 대한 인식은 어떤 면에서 크게 두 가지로 나뉜다. 하나는 일정한 규칙이 없는 매우 일탈적인 특수한 단체라는 인식이고, 다른 하나는 여러 불합리한 측면에도 나름의 일반성을 보유한 국가라는 인식이다. 전자의 입장에 서게 되면 북한의 정책과 행동에 대해 정확한 판단과 예측이 불가능하게 되지만, 후자의 시각을 통해서는 나름대로의 전망과 개입의 통로가 생길 수 있다. 이 책은 과거 여러 사회주의국가들이 체제전환에 '성공'했던 것과 마찬가지로 북한 역시 그 가능성을 가지고 있고, 이를 독려하고 견인하기 위해서는 다른 사례가 유용할 수 있다는 점에서 진행된 것이다. 물론 북한의 특이성을 부정할 수는 없지만 그것만으로 북한의 변화에 대한 국제사회의 개입의무를 방치할 수는 없다. 따라서 북한의 변화를 전망하고 그 가능성을 모색하는 과정으로서 다른 사례들을 살펴본 이 책이 북한의 변화가능성에 대해 궁금해하는 여러 독자들에게 의미 있는 자료가 될 수 있을 것이라고 생각한다.

이 책의 출간을 위해 도움을 주신 많은 분들에게 감사의 말씀을 드리지 않을 수 없다. 무엇보다도 우리 연구소가 학문적인 차원에서 '동북아의 평화와 북한'에 대해 일관된 연구를 할 수 있도록 재정적 측면뿐 아니라 여러 면에서 지원을 해주고 있는 한국연구재단 관계자 여러분에게 감사드린다. 또한 연구진행 과정에서 항상 큰 도움을 주고 계신 경남대학교 박재규 총장님, 극동문제연구소와 북한대학원대학교의 여러 교직원들의 후의는 항상 연구를 독려하는 큰 힘이 되고 있다. 아울러 출판계 전반의 어려운 사정에도 우리의 부족한 연구성과를 훌륭한 책자로 만들어 세상에 빛을 보도록 해주는 도서출판 한울의 김종수 사장님과 직원들에게 감사의 마음을 전한다. 이와 같이 여러 사람들의 격려와 열의가 모여서 탄

생한 이 책이 관련 연구자 및 독자들에게 작은 도움이라도 되기를 바라는 마음이다.

2014년 1월
경남대학교 극동문제연구소장 이수훈

차례

제1장

글로벌 핵비확산 레짐과
구소련 3국 핵포기 촉진 요인 연구*

이수훈 · 박병인

1. 서론

국제사회의 핵무기 및 대량살상무기 비확산 노력에도 불구하고 핵무기 사용과 관리에 대한 우려는 증대되어왔다. 핵무기 비확산 정책의 수립과 집행 과정에서의 쟁점 가운데 하나는 잠재적 혹은 실제적 핵보유국(Nuclear-Weapon State: NWS)에 대해 어떠한 정책수단을 동원하여 핵개발 시도 중단 및 보유 핵무기를 폐기하게 할 것인가에 관한 것이다. 즉, 제재와 지원이라는 수단을 적절하게 구사하여 어떻게 효과적으로 그 목표를 수행할 것인가 하는 것이다. 그러한 점에서 실질적으로 핵보유국으로 존재하다가 비핵화를 실현한 구소련 3국은 유의미한 경험을 제공한다.

1991년 소연방의 해체는 3만여 개에 이르는 전술 및 전략핵무기가 러시아 외의 우크라이나, 벨라루스, 카자흐스탄(이하 구소련 3국)에 편재되는 상황을 초래했다. 특히 우크라이나가 보유하게 된 핵무기는 세계 세

---

* 이 글은 ≪유라시아연구≫, 제10권 제3호(2013)에 실린 글을 수정·보완한 것이다.

번째에 이를 만큼의 방대한 양이었다. 카자흐스탄과 벨라루스도 각각 4, 5위의 핵무기 대국이 되었다. 그러나 이들 3국은 자국의 핵무기를 우여곡절 끝에 러시아로 이전하는 데 동의함으로써 비핵화의 길을 걷게 되었다.

사실 핵무기 포기를 위한 국제사회의 해법은 단선적인 모습으로 나타나지 않는다. 다양한 상황에서 해결의 과정도 복잡다기하다는 것이다. 대상국가와 지역적 상황, 강대국 간의 역학관계 등에 따라 다양한 해법이 제시될 수 있을 것이다. 구소련 3국의 비핵화는 강대국들에 의한 집단안전보장의 실현, 핵포기에 따른 대규모 경제적 보상과 지원이라는 국제적 요인과 자국이 핵을 안정적으로 관리할 수 있는 기술적·재정적 능력의 한계 인식 및 최고위 지도부에 의한 전략적 결단의 산물이라 할 것이다. 무엇보다 비핵화가 핵보유보다 국익 차원에서 더 긍정적인 결과를 도출할 수 있다는 정책적 판단에 따른 것이었다. 게다가 우크라이나의 비핵화 결정에는 가장 큰 이해당사국인 러시아와 미국의 시의적절하고 효과적인 개입이 주효했다. 확실한 안전보장과 대규모의 경제적 지원은 양국의 협조와 적극적인 추진의지 없이는 성사될 수 없는 사안이었다.

주지하다시피, 미국을 위시한 국제사회는 북핵문제 해결을 위한 다양한 노력을 경주해왔다. 북한이 핵실험 및 미사일 발사를 실시할 때마다 국제사회의 제재와 압박이 추진되었으나 북한의 거침없는 핵보유국 지위로의 행진에 제동을 걸지 못하는 실정이다. 현재 한반도 비핵화는 동북아에서 벌어지는 가장 치열하고 첨예한 이슈이기도 하다. 이 문제는 한반도에 국한되지 않고 주변국의 안보정책에 지대한 영향을 미치고, 국제 핵비확산 레짐의 행로에도 파급을 가늠할 수 없을 정도로 중차대한 사안이다.

북한은 2013년 2월에 실시한 제3차 핵실험을 통해 핵보유국 지위 획득에 한 걸음 성큼 다가섰으며, 이를 기정사실화하는 단계에 이르렀다. 국제사회는 이제 그저 북한의 다음 행보를 무대책으로 바라보는 지경에 이르렀다. 이제까지 북핵문제 해결을 위한 다양한 방안이 제시되었지만 백약이 무효한 상황에 이른 것이다. 이러한 상황에서 북한의 비핵화는 새로운 접근이 요구되고, 발상의 전환을 통한 해법이 적극적으로 모색되어야 할 것이다.

이 연구는 성공적인 비핵화 사례로 구소련 3개국의 비핵화 과정을 추적한 것이다. 특히, 구소련 체제전환기 초기국면에서 비교적 이른 시기에 비핵화라는 결단을 내린 벨라루스 및 카자흐스탄에 비해 상대적으로 완고하게 핵보유 의지를 피력한 우크라이나의 사례에 중점을 두면서 연구가 진행되었다.

이에 대한 선행연구와 관련하여, 구소련의 핵폐기를 다룬 논문들은 국내외를 불문하고 다수 존재한다. 이 논문들은 구소련의 비핵화과정에서 경제적 지원과 강대국들의 집단안전보장 간의 상관관계 분석에 많은 부분을 할애하고 있다. 이러한 결과들을 북한에 적용하는 것의 유효성에 대해 한때는 주목한 바 있으나, 3차 핵실험은 구소련 비핵화 방식의 북핵문제 적용에 심각한 회의를 불러일으키고 있다. 즉, 북핵문제는 구소련 핵포기국의 상황과는 달리 핵개발의 의도 및 의지, 개발수준의 차이, 지도자의 결단과 여론의 문제 등에 다양한 층위의 차별성이 존재함으로써 그 적용에 대한 적실성이 의심받고 있는 것이다. 그럼에도 불구하고 구소련의 핵포기 결단이 이제까지의 비핵화 역사에서 가장 성공적인 사례인 만큼 이 시점에서 그 과정을 다시 살펴보는 것도 유의미하리라 생각된다.

다음 2절에서는 글로벌 핵비확산 레짐과 구소련의 비핵화 전략환경을 다룬다. 이 글이 전반적으로 글로벌 차원에서 핵비확산 레짐의 문제를 다루기도 하고, 그 틀 안에서 비핵화 노력이 진행된 것이기 때문이다. 아울러 체제전환기 구소련이 직면한 정치, 외교, 안보적 상황을 핵전략 환경에 초점을 맞추어 분석한다. 이는 구소련의 비핵화 결정요인을 추출하기에 앞서 큰 틀에서의 환경변수를 이해하기 위한 고려이다. 3절은 구소련의 비핵화 촉진 요인을 분석한 것이다. 다양한 요인이 상호 연관되어 비핵화라는 결과를 낳았겠지만 중요한 요인만을 도출한다. 마지막 4절 결론을 통해 구소련 비핵화의 내용을 총결하고 북핵문제에 주는 함의를 도출한다.

2. 글로벌 핵비확산 레짐과 구소련 비핵화 전략환경

1) 글로벌 핵비확산 레짐의 전개

정치학자들은 국제적인 이슈를 다루는 규칙이나 규범 그리고 기관을 언급할 때 '레짐(regime)'이라는 개념을 사용한다.[1] 전문가들은 핵무기 확산, 고래잡이, 유럽의 초국경적 대기오염, 식량원조, 무역, 텔레커뮤니케이션, 교통 등 원칙, 규범, 규칙과 의사결정 절차가 상호 연계되어 있는 이슈 분야의 거버넌스(governance)[2]를 이해하기 위해 국제 레짐의 개념을

---

1) Joseph S. Nye, Jr., "Maintaining a Non-Proliferation Regime," *International Organization*(1981), vol.35, no. 1, Winter.

2) 안네 메테 키에르, 『거버넌스(governance)』, 이유진 옮김(서울: 도서출판 오름, 2004), 13쪽. 거버넌스의 어원은 그리스어 동사 kubernan(조종, pilot, steer)에까지 거슬러 올라가며, 플라톤은 이를 통치체제의 디자인을 지칭하는 의미로 사용했다. 이 그리스어 단어는 조종 또는 규칙 만들기(piloting, rule-making, steering)의 의미를 가진 중세 라틴어 gubernare의 어원이 되었다. 이 용어는 옥스퍼드 영어사전에서 언급하듯이 정부(government)와 동의어로 사용되어왔다. 여기서 거버넌스는 '통치(governing) 행위나 방식, 통치 기구나 기능'을 의미한다. 통치한다는 것은 '권위를 가지고 지배(rule) 또는 통제(control)하는 것, 정부를 장악하는(to be

개발했다. 국제 레짐에 참여하는 국가들과 기타 국제 행위자들은 일정한
의무가 존재함을 인정하고, 이를 준수해야 한다는 사명감을 가지게 된다.

국제 레짐은 '정부 없는 거버넌스(governance without government)'3)이
기 때문에 참여하는 행위자들은 규칙의 정당성과 근원적인 규범, 그리고
의사결정 절차의 유효성을 수용함으로써 의무를 준수하게 된다.4) 또한
국제 레짐은 특정한 쟁점 부문에서 국가들의 희망과 이해가 수렴될 때 이
루어질 수 있다. 국제 레짐은 국가들의 행위에 대하여 기준을 설정하기도
하는 등 국가의 영역 및 활동에 대한 규제의 역할을 수행한다. 이 중 핵비
확산 레짐은 글로벌 거버넌스의 중요 쟁점 영역 중 하나이다.

핵비확산 레짐5) 형성을 위한 초기 논의로 1946년에 국제연합 원자력

---

in government) 것'이다.

3) 1980년대 이후 급속한 세계화 및 냉전체제의 종언은 글로벌 거버넌스의 개념이
주목되기 시작한 시대적 배경이다. 미국의 상대적 국력 쇠퇴와 국제기구 권능의
약화, 이에 동반한 다양한 사적 행위자들의 등장과 더불어 주권국가의 힘만으로는
해결이 불가능한 이슈의 등장은 새로운 해결주체의 등장과 방법론이 모색되는 계
기가 되었다. 안보 영역에서도 전통적 안보개념으로는 대처가 어려운 다양한 국제
안보적 도전이 출현했다. 특히, 핵무기의 통제, 관리 및 확산 방지 노력은 글로벌
거버넌스가 작동하는 주요한 시험무대가 되었다.

4) 마가렛 P. 칸스 외, 『국제기구의 이해: 글로벌 거버넌스의 정치와 과정』, 김계동
외 옮김(서울: 명인문화사, 2007), 14쪽.

5) 핵비확산 레짐(nuclear non-proliferation regime)은 핵무기의 수평적 확산(hori-
zontal proliferation)과 수직적 확산(vertical proliferation)을 방지하기 위한 조약,
제도, 조치 등을 총칭하는 표현이다. 수평적 확산이란 핵무기를 보유하는 국가가
증가함을 의미하며, 수직적 확산이란 핵무기 보유국이 보유한 핵무기의 수를 증가
하거나 핵무기의 성능을 향상시키는 것을 의미한다. 확산 방지란 어느 시점을 기
준으로 그때까지 보유하고 있는 핵무기는 그대로 인정하되 더 이상의 수평적 확산
및 수직적 확산을 막는다는 뜻을 지닌다. 따라서 비확산(non-proliferation)은 핵무기
보유국의 수를 제한하고자 하는 수평적 확산이며, 핵군축(nuclear disarmament)

위원회에서 미국 대표 B. M. 바루크(Bernard Mannes Baruch)가 제안한 '원자력국제관리안'이 등장했다. 이는 미국의 핵독점이 끝나고 원자력의 평화적 이용이 진행될 것을 고려한 핵무기의 확산 대응책 수립의 일환이 었다. 1946년의 핵에너지법에 의해 새롭게 만들어진 국제원자력위원회 (Atomic Energy Commission)가 실행하고자 했던 초기 임무들 중의 하나는 세계에서 핵무기의 폐지를 위한 계획을 수립하는 것이었다. 바루크가 제 안한 주요 내용은 전 세계가 핵무기 제조를 중지하고 유엔(UN)에 국제원 자력개발기구를 세워서 원자력과 관련된 활동을 관리 및 통제하고 책임 져야 한다는 것이었다. 이러한 '원자력국제관리안'은 1948년 11월에 유 엔 총회에서는 승인되었으나 소련의 반대로 실질적인 효과를 거두지는 못했으며 결국 효력을 상실했다.

　실질적인 핵무기 비확산 레짐의 시작은 1953년 12월 8일 미국 아이젠 하워(Dwight Eisenhower) 대통령이 제8차 유엔 총회 연설에서 제창한 "원자력의 평화적 이용(Atoms for Peace)"에서 비롯되었으며, 원자력의 평화적 이용 증진과 '핵물질'의 국제적 통제를 위한 국제기구로 국제원 자력기구(International Atomic Energy Agency: IAEA)가 설립되었다. IAEA 창설에도 냉전체제는 양대 핵강국인 미국과 소련의 핵개발 경쟁을 제어 하지 못했다. 게다가 영국, 프랑스, 중국이 핵무기 보유국으로 등장하면 서 핵무기 확산에 대한 국제사회의 우려는 점증되었다. 이러한 상황에서 1970년 3월 5일 핵확산금지조약(Nuclear Non-Proliferation Treaty: NPT)이 발효되었다. NPT는 발효 5년이 되는 해부터 평가회의를 통해 각 조항별 이행을 점검하도록 규정하고 있다. 이에 따라 NPT 당사국들은 1975년 부터 매 5년마다 핵비확산의무, 핵군축 상황, 그리고 원자력의 평화적 이

───────────────

　은 핵무기의 수를 줄여나가는 수직적 확산 방지이다.

용 등 조약의 주요 구성요소별 이행 상황과 조약 이행에 영향을 미치는 요소들에 대해서 검토하고 있다. 여타의 국제법적 관점과 마찬가지로 비핵확산체제의 기본적 규범은 여러 주권국가들로 구성되어 있는 국제사회에서 각국이 자기방어를 위해 어떠한 방법을 사용해도 정당하다는 선험적 가정을 제약하는 것이다.[6]

일반적으로 핵비확산 레짐이란 NPT 조약을 중심으로 핵무기의 개발, 확산을 방지하는 상호연계된 원칙, 규범, 국제협정의 총체를 지칭하고 있다. NPT는 핵무기 비확산을 위한 국제적 다자조약임과 동시에 현재의 핵비확산 레짐을 유지하기 위한 국제적인 규범으로 기능하고 있다. NPT 조약과 함께 범세계적 핵확산금지체제를 구성하는 주요 장치로는 첫째, IAEA 안전조치협정,[7] 둘째, 미사일기술 통제체제(Missile Technology Control Regime: MTCR) 및 원자력공급국그룹(Nuclear Suppliers Group: NSG)과 같은 핵 관련 품목 수출통제체제,[8] 셋째, 핵실험금지협정 및 비핵지대 설립을 위한 다양한 지역협정, 넷째, 기존 핵무기 국가의 비핵국가에 대한 핵 관련 각종 안전보장정책 등을 들 수 있다.[9]

---

6) 조지프 S. 나이, 「외교적 수단」, 로버트 D. 블랙웰 외 지음, 『미국의 핵정책과 새로운 핵보유국』, 이정우 외 옮김(서울: 도서출판 한울, 1997), 99~100쪽.
7) '안전조치(Safeguards)'는 해당 국가의 원자력 프로그램이 평화적 목적에 국한되고 있음을 국제적으로 확인시키는 동시에 군사적 목적으로 전용되는 것을 방지하려는 일련의 검증제도이다.
8) '원자력수출통제'는 핵무기 개발 의도를 가진 국가가 핵개발에 필요한 물질, 장비, 부품, 기술 등을 구입할 수 없도록 하기 위한 핵비확산 수단이다. 이를 위해 원자력 선진국들은 원자력공급국그룹(NSG)과 쟁거위원회(Zangger Committee: ZC)를 결성하고 있다. 냉전 종식 후 원자력 수출통제에서 주도적인 역할을 수행하고 있는 NSG는 자발적인 조직으로 ZC와 같이 당해지침이 법적 구속력을 갖지는 않는다.
9) 외교부, 외교통상용어사전, http://terms.naver.com/entry.nhn?docId=637073&

이와 같은 핵확산을 방지하기 위한 노력은 통틀어 지구적 핵비확산 레짐이라고 불리는 다양한 일방적·쌍무적·지역적·자구적 조치들을 포함한다. 핵비확산 레짐을 지지하는 사람들은 1960년대 이래 핵보유를 억제해 온 것은 바로 NPT 같은 군비통제 및 군축조약들, 국제 군비감시 조치, 핵물질 공급 및 무역에 관한 협정들, 기타 핵에 관한 표준을 정한 협약 등의 진보에 의한 것이라고 주장한다. 반면에 비판론자들은 핵비확산 레짐이 지나간 '핵1세대'(1945~1990)의 부산물로, 그보다 훨씬 더 복잡하고 위험한 '핵2세대'(1990~)의 요구조건을 충족시키지 못한다고 주장한다. 이에 따라 핵비확산 레짐은 많은 국가들이 처한 안보 딜레마를 완화시키지 못하며, 그 결과 핵무기를 획득하고자 하는 국가들의 안보 동기를 적절히 설명하지 못하고 있다. 핵비확산 레짐은 기존 5개 핵보유국들에 대해서는 NPT 조약 제6조에 의해 핵군축을 위해 성실히 노력할 것만을 규정하고 있는 반면, 나머지 모든 국가들에 대해서는 NPT에 가입하는 순간부터 핵무기 획득을 포기하도록 한다는 점에서 차별적이다. 이 때문에 NPT가 기본적으로 추가적인 핵보유국의 등장을 예방하기 위한 협정인지 아니면 핵무기의 궁극적 철폐를 위한 군축협정인지 논란이 되어왔다.[10] 게다가 잠재적 핵무기 보유국들이 NPT와 같은 핵비확산 레짐에 참여하지 않고 있다는 점, IAEA가 주도하는 핵활동 검증체계의 비효율성 및 한계, 원자력 수출통제 체제의 역할 제한 등이 핵비확산 레짐의 효율적 실행에 장애요인이 되고 있다.

1999년대 초 구소련 붕괴에 따른 후과는 핵비확산 영역에도 새로운 도

---

mobile&categoryId=503

10) 베일리스·스미스, 『세계정치론』, 하영선 외 옮김(서울: 을유문화사, 2006), 515~551쪽.

전을 야기했는데, 이는 소련이라는 핵보유국이자 핵 강대국이 영토적·정
치적 완결성에 타격을 받고 균열이 초래된 유일무이한 사건이었다. 이러
한 대전환의 시기에 냉전의 당사자인 미국과 러시아는 물론 국제사회의
핵정책 결정자들 간에는 문제를 해결하기 위한 다양한 틀의 협력이 진행되
었고, 군비통제 및 군축협력이 시도되었다.

2) 체제전환기 구소련의 비핵화 전략 환경

1985년 고르바초프(M. S. Gorbachyov)의 등장은 핵무기와 재래식 군비
감축에 대한 논의에 전향적인 국면을 조성했다. 이어서 1987년 미국에서
열린 미소정상회담에서는 중거리 핵무기를 금지하는 중거리핵무기조약
(Intermediate Nuclear Forces Treaty: INF)이 서명되었다. 이는 레이건
(Ronald W. Reagan) 대통령에 의해 촉발된 전략방위구상(Strategic Defense
Initiative: SDI)에 대한 러시아 측의 상황인식이 작용한 결과로 볼 수 있다.
1989년 1월 레이건을 승계한 부시(George H. Bush) 대통령은 SDI 관련
예산 확보 등 여러 면에서 대소 협상의 우위를 유지하고 있었다. 당시 소
련의 고르바초프는 이 계획을 매우 심각한 도전으로 여겼다. 또한 그는
소련의 병력을 감축하는 등 개혁 노선을 유지했지만 이에 따른 정치적 피
로와 개혁에 대한 강력한 내외적 저항에 직면하고 있었다. 이러한 정치적
동향을 반영하듯 그는 미국과의 핵협상으로 활로를 모색했다. 이후 미소
는 1991년 7월 31일 배치된 핵탄두를 각각 6,000기로 감축하는 전략무
기감축협정(Strategic Arms Reduction Talks: START) 1에 서명함으로써,
최초로 핵무기 제한이 아닌 감축의 단계로 진입했다.[11] 이러한 추세와 긍

---

11) 박건영, 『핵무기와 국제정치: 역사, 이론, 정책 그리고 미래』; 이수훈, 『핵의 국제

정적 사태의 진전이 지속되면서 양국은 1989년 12월 몰타 미·러정상회담에서 냉전의 종언을 공식적으로 선언하기에 이르렀다.

한편, 소련은 1991년 12월 26일 소련 최고회의에서 1922년 체결된 연방조약을 무효화함으로써 공식적으로 지구 상의 국제정치 지도에서 사라졌다. 소련은 붕괴 이전에 전 영토에 방대한 양의 핵 시설을 배치했다. 이들 기지에는 상당수의 전술 및 전략핵무기와 더불어 고도의 기술 인프라가 구비되어 있었다. 구소련의 핵 인프라는 결과적으로 핵무기 생산과정에 고용되었던 기술 인력들을 어떻게 안정된 직장으로 흡수할 것인지, 핵 시설 주변의 물리적 안전조치는 적절한지, 잉여 핵물질은 어떻게 처리할 것인지, 구소련에서 분리된 신생 공화국의 경우 소련의 감독체계가 사라진 후 수출통제는 적절히 유지되고 있는지 등 여러 중요한 문제들을 야기했다. 이러한 상황 변화에 대응하여 핵기지에서 근무하던 인력들의 형편을 개선하고, 러시아와 신생 공화국들의 수출 통제 절차를 강화하며, 핵폭탄과 핵분열 물질이 저장된 핵저장 시설 주변의 안전조치를 강화하기 위해 많은 노력이 기울여졌다.[12]

한편 구소련을 대체하여 출현한 15개 공화국들은 급작스럽게 다가온

정치』(서울: 경남대학교 극동문제연구소, 2012), 21~22쪽. 1992년 5월 러시아는 구소련의 모든 전술핵무기가 러시아에 통합되었다고 밝혔으며, 7월에는 미국도 지상 및 해상발사 핵무기의 전 세계적 철수를 완료했다고 발표했다. 이와 같이 소련과의 경쟁이 사실상 종료됨에 따라 H. 부시 정부는 핵전략의 개념을 신보수주의에서 현실주의로 조정했다. 즉, 레이건의 신보수주의적 이상주의로부터 덜 야심적이고 미국의 실제 위협에 상응하며 미국의 능력에 맞는 핵전략으로의 전환을 추진했던 것이다. 1993년 1월 3일 H. 부시와 옐친은 배치된 핵탄두의 수를 각각 3,000~3,500기로 감축하고, 모든 MIRVed의 미사일을 2003년까지 폐기토록 하는 START에 서명했다.

12) 베일리스·스미스, 『세계정치론』. 522쪽.

새로운 국가건설에 능동적으로 대응할 수 있는 역량을 갖추지 못한 채 독립을 맞이했다. 따라서 미국과 소련 정상 간 START가 서명은 되었으나 법적 효력을 갖기 위한 발효조건이 충족되지 않은 상황에서 서명 주체가 사라짐으로써 START의 운명도 불투명해졌다. 이에 미국은 소련의 국제법적 지위를 계승한 러시아와는 물론 핵무기를 보유하게 된 우크라이나, 벨라루스, 카자흐스탄과 외교관계 수립 및 START 협상을 신속하게 재개하는 노력을 기울였다.

마침내 1992년 5월 23일, 미·러의 설득 및 벨라루스, 우크라이나, 카자흐스탄의 협력 의사에 따라 5개국(미국, 러시아, 벨라루스, 우크라이나, 카자흐스탄) 외무장관이 포르투갈의 리스본에서 START 비준을 목적으로 한 의정서(공식명 Protocol to the Treaty between the United States of America and the Union of Soviet Socialist Republics on the Reduction and Limitation of Strategic Offensive Arms)를 채택했다. 5개국은 이 의정서가 START의 일부라는 선언과 함께 소련 붕괴로 인한 새로운 정치 상황에서 1991년 7월 체결된 미소 START에 대한 지지와 단일 권위체인 러시아의 통제하에 소련 핵무기의 안전관리 필요성에 관한 공동의 인식을 표출했다.[13] 리스본 의정서는 실천사항으로 구소련 측 4개국의 START 당사국 확인과 러시아 외 3국은 가능한 한 최단 시일 내에 비핵무기 국가로서 NPT에 가입할 것이며 이를 위해 즉각 모든 필요한 조처를 이행해나갈 것임을 적시했다. 이에 따라 1994년 12월 5일, 우크라이나는 NPT에 가입하고 이어서 러시아가 START를 비준함으로써 START는 효력을 발생하게 되었다. 또한 각각의 의회 승인하에 3개국 모두 비핵국가로서의 NPT 가입도 완료

---

13) 정은숙, 「글로벌 비핵화의 모범사례: 벨로루시, 우크라이나, 카자흐스탄」, 『글로벌 거버넌스와 국제안보: 이슈와 행위자』(파주: 도서출판 한울, 2012), 236~237쪽.

되었다. 이후 START 이행 조약이 정한 바에 따라 효력 발생 7년 만인 2001년 12월 소기의 감축 목표를 완성했다.

당시 구소련으로부터 독립한 국가들은 자본주의로의 체제개혁과 서구식 민주주의로의 변화에 대한 반대급부로 서방으로부터의 지원을 내심 기대하는 상황이었다. 특히 구소련의 핵전력을 이양받은 구소련 3국, 우크라이나, 카자흐스탄, 벨라루스의 경우는 더욱 서방과의 협력과 지원에 대한 열망이 강했다.[14]

특히, 냉전시기 우크라이나는 구소련 전체 연구개발비의 12%, 과학기술종사자의 13%를 점유하고 있었다. 3위 수준의 카자흐스탄이 연구개발비와 과학기술종사자가 3% 수준임을 고려하면, 구소련에서 차지하는 과학기술의 위치는 매우 높았다고 볼 수 있다. 우크라이나의 높은 과학기술력은 구소련의 무기 개발과 밀접하게 연계된 가운데 발전되어왔다. 그 예로 구소련 미사일산업 기지가 대부분 러시아에 있었지만, Southern Machine Building Plant Association(일명 Yuzhnoye, 유즈노예) 같이 전략 미사일과 군용 우주 시스템(Military Space System)의 설계에서 생산까지 가능한 많은 국방기업들이 우크라이나에 남아 있었다. 또한 소련 해체 시기에 우크라이나에는 대륙간탄도미사일(ICBM) 176개와 탄두 1,240발이 남겨져 있어, 본의 아니게 미국과 러시아에 이어 세계 제3위의 핵무기 대국이 된 것이다.[15]

---

14) Vyachaslau E. Paznyak, "Nunn-Lugar Program Assessment: The Case of Belarus," in John M. Shields and William C. Potter(eds.), *Dismantling the Cold War: Us and NIS Perspectives on the Nunn-Lugar Cooperative Threat Reduction Program* (Cambridge, MA: MIT Press, 1997), p. 170.

15) 김종선, 「북한의 비핵화 프로그램 전략을 위한 구소련의 사례 연구」, 북한연구학회, ≪북한연구학회보≫, 제14권 제1호(2010), 87~89쪽.

또한 카자흐스탄과 벨라루스는 우크라이나와 함께 구소련의 핵전력을 이양받아 핵보유국이 되었으나 좌고우면하던 우크라이나와는 달리 다른 길을 걸었다. 구소련권에서도 상대적 소국인 양국은 독립과 함께 일찌감치 비핵화 결단을 내리고 이를 국제사회에 천명했다. 당시 카자흐스탄은 1,410개의 핵무기를 보유했는데 1995년 4월까지 러시아로 이전을 완료했고, 구소련 시기 핵무기의 실험장으로 사용되었던 세미팔라틴스크 (Semipalatinsk)는 이미 2000년 7월에 폐쇄했다. 벨라루스는 독립 당시 825개의 핵무기를 보유했으나 1992년 5월 기한으로 전술핵무기를 러시아로 이전했고, 전략핵탄두는 1996년 11월에 이전을 완료했다. 사실 이들 국가들도 우크라이나에 이어 각각 4, 5위의 핵무장력을 보유한 국가들이었다. 그러나 자국의 대내외적 상황을 종합적으로 고려한 결과, 순조로운 핵포기가 자국의 이해에 부합한다는 결론을 통해 비핵화의 길로 들어서게 되었다.

3. 구소련 3국의 핵포기 촉진 요인

1) 국제적 요인

(1) 강대국들에 의한 집단안전보장의 실현

구소련 3국은 안보위협에 대한 국제적 보증을 확보하는 데 주력했다. 이들에게는 체제전환기에 안보적 측면에서 강대국에 의한 안보위협을 어떻게 상쇄할 것인가가 핵심적인 사안으로 대두되었다. 특히 우크라이나는 러시아를 자국에 대한 가장 현실적인 위협국으로 상정했다. 우크라이나는 지난 구소련 시절 70여 년간 이어온 러시아에 의한 통제와 불평등이

재현되는 것에 대한 극도의 두려움을 가지고 있었다. 당시 크림 반도의 흑해함대 분할에 따른 양측의 협상이 답보 상태인 가운데 러시아는 세바스토폴(Sevastopol)이라는 부동항을 포기하는 데 매우 회의적이었던 반면에 우크라이나는 함대의 분할을 강력하게 주장했다. 우크라이나는 협상을 위한 논의조차 꺼리는 러시아의 완고한 입장과 비타협적 자세를 보면서 향후 핵포기 이후 이어질 러시아로부터의 안보적 위협이 현실화될 것에 대한 우려가 팽배했다. 이에 따라 우크라이나는 강대국들에 의한 확실한 안전보장을 요구하게 되었다.

아울러 러시아 관리들 또한 이해의 상충, 역사적 경험 등으로 인하여 카자흐스탄과 우크라이나가 러시아에 대해 여전히 뿌리 깊은 정치적·군사적 공포심을 가지고 있었기 때문에 핵무기 일부를 계속 보유하려 한다는 확신을 가지고 있었다.16) 게다가 러시아 전략가들은 구소련이 붕괴된 국제정치의 공동화 지역에서 새로운 형태의 안보구조가 구축되지 않는다면 구소련의 핵을 보유한 국가들이 핵무기 보유국 위상을 놓지 않을 것을 우려했다. 구소련권 내 핵무기에 관한 통제와 관리를 전담했던 러시아로서는 벨라루스, 우크라이나, 카자흐스탄의 핵 선택은 결코 좌시할 수 없는 행위로 여기게 되었다.

이러한 가운데 미국은 신생 독립국들에 의한 핵무기 통제의 어려움과 경쟁적 핵보유 상황이 방치될 경우 NPT체제가 심각한 도전을 받는 상황을 우려했다. 미국은 구소련 국가 중 핵보유국은 러시아로 한정시킬 필요가 있었고, 1993년 클린턴 정부하의 미국은 우크라이나에 대한 고립과 압박정책을 병행했다.

---

16) 루이스 A. 던, 「미국안보에 대한 새로운 핵보유국의 위협」, 로버트 D.블랙웰 외, 『미국의 핵정책과 새로운 핵보유국』, 이정우 외 옮김(서울: 도서출판 한울, 1997), 46쪽.

독립 초기 구소련 3국은 스스로 비핵화를 천명한 상황에서 핵무기 보유를 시도할 경우 대러시아 관계의 파국에 따른 군사적 위협에 직면하게 될 가능성이 농후했다. 또한 미국을 비롯한 국제사회의 지원 유예와 경제적 제재는 국가재건 사업에 심대한 타격을 가하고 결국 신생 독립국의 국가안위에 결정적 영향을 미치게 될 것을 우려했다. 따라서 구소련 3국의 핵무장은 그 의도와 달리 안보적 측면에서 오히려 심각한 위협요인으로 발전될 수 있음을 의미하는 것이었다. 이러한 전략 환경은 카자흐스탄, 벨라루스의 비핵화 결의를 앞당겼고, 우크라이나는 1994년 12월 미국, 러시아 등 NPT 핵보유국들과 안전보장 양해각서를 체결하면서 자국의 안보위협을 해소했다. 이를 통안 안보불안의 해소는 핵무기 보유 동기를 희석시키며 포기로 유인하는 중요한 촉진요인으로 작용했다.

(2) 대규모 경제적 보상과 지원

구소련 3국과 국제사회 간에는 비핵화에 따른 대규모의 경제적 보상이 결부되었다. 신생 독립국이었던 구소련 3국은 독립국가의 면모를 갖추기 위한 재원 마련이 절박한 가운데 미국 및 국제사회와의 협력이 절실히 요구되었다. 이들은 초기 경제개혁의 실패로 인한 사회불안정이 심화되는 가운에 국제사회가 제공하는 재정적·기술적 지원이 긴요했다. 더욱이 러시아는 당시 석유의 50%, 가스의 90%를 우크라이나에 공급하고 있었다. 이에 대한 중단 위협은 우크라이나의 경제적 상황에 치명적이었다. 이외에도 외부로부터의 군사 및 안보적 위협요소도 제거해야 하는 상황에서 국제사회와의 정치적·군사적 협력의 필요성이 요구되었다.

한편, 카자흐스탄·벨라루스와 달리 우크라이나가 핵보유국 지위를 포기하는 것을 주저한 이유는 러시아로부터의 안보위협에 대처하는 수단으로서 핵무기를 인식하기 때문이기도 했지만, 핵무기 포기에 따른 경제적

이익의 극대화라는 전략목표가 있기 때문이었다.[17] 이를 간파한 미국은 안전보장과 경제적 지원을 매개로 한 정책을 추진했다. 1990년 구소련의 붕괴로 초래된 핵무기 확산 가능성에 직면하여 미국은 상원의원 넌(Nunn)과 루거(Lugar)의 주도로 구소련 위협감소법(Soviet Threat Reduction Act of 1991, PL-102-228)을 제정하여 러시아, 우크라이나, 카자흐스탄 및 벨라루스 등 구소련 국가들과의 협력하에 핵무기와 핵물질의 폐기 또는 감축을 위한 '협력적 위협감축조치(Cooperative Threat Reduction: CTR)' 프로그램을 실행했다. 협력적 위협감축조치란 핵, 화학, 생물무기 및 그 운반수단으로부터 초래될 수 있는 안보위협을 감축하기 위해 위협요인을 보유하고 있는 대상국과 이를 감축하려는 피위협국이 공동으로 추진하는 다양한 국제안보프로그램을 말한다.

이렇듯 미국을 위시한 국제사회의 노력으로 우크라이나는 1994년 미국, 러시아와 3국 협정을 체결하고 핵무기를 포기하고 러시아로 이관함으로써 미국은 경제적 지원과 함께 안보를 보장하고, 러시아 또한 우크라이나에 대한 군사적 위협을 불식하면서 핵포기를 견인했다.[18] 이후 미국은 1994년과 1997년 몇 차례에 걸쳐 우크라이나에 전술 핵무기를 포기

---

17) 볼로디미르 벨라쇼프, 「우크라이나 비핵화: 한반도 비핵화에 주는 교훈」, 제주평화연구원 편, ≪JPI정책포럼≫, No.2009-3(2009), 1쪽. 우크라이나의 비핵화는 초기단계부터 우크라이나의 안전보장을 국제적으로 공인받고, 우크라이나의 평화적 핵 이용에 대한 기술적 보장 또한 확인받았으며, 이에 대한 기술적 및 경제적 지원을 받아 비핵국가가 되기 위한 목적을 선언하며 국제사회의 환영을 받은 자발적인 비핵화 과정이었다.

18) John C. Caker, *Non-Proliferation Incentives for Russia and Ukraine*, Adelphi Paper 309(London: The International institute for Strategic Studies, 1997); 조순구, 「핵무기 해체사례와 북한 핵의 평화적 관리방안」, 한국국제정치학회 편, ≪국제정치논총≫, 제45집 3호(2005), 203쪽 재인용.

하는 조건으로 핵무기 해체비용과 경제지원 등의 명목으로 3억 2,000만 달러와 4,700만 달러를 각각 지원했다(Caker, 1997). 이 과정에서 구소련 체제전환기에 적용된 CTR프로그램은 효과적으로 그 목표를 달성했을 뿐만 아니라 현재까지도 그 활용영역을 넓혀가고 있는 글로벌 거버넌스라 할 수 있겠다.

2) 국내적 요인

(1) 기술적 · 재정적 관리 능력의 결핍

구소련 3국의 비핵화 결단에는 핵무기를 운용하고 관리하는 측면에서의 부정적 요인이 주요한 영향을 미쳤다. 핵무기 체계의 명령·통제(command & control)는 고도의 전문성뿐만 아니라 고비용을 요한다.[19] 당시 3국의 경제는 심각한 침체를 겪으며 마이너스 성장 국면이었을 뿐만 아니라 한 달에 100% 인상이라는 고물가 현상이 지속되고 있었다. 더욱이 우크라이나는 에너지 위기를 해결하기 위해 고농축우라늄의 저농축우라늄으로의 전환을 고려하는 등 핵무기 유지에 대한 의지를 피력했다. 그러나 현실적으로 우크라이나는 자국에 배치된 핵을 관리하고 운용할 만한 충분한 경제적·기술적 역량이 부족한 실정이었다. 당시 우크라이나 외교장관이었던 즐렌코(Anatoliy Zlenko)는 자국의 경제 상황이 핵무기 프로그램을 유지하는 데 많은 재정적·기술적 문제가 있다는 점을 인식했다. 또한 우크라이나는 핵보유로 인해 타국과의 관계가 축소되거나 심지어 국제적인 제재를 받는 상황을 우려했다.[20] 냉전기 핵무기의 배치와 관리가 모두 구

---

19) Steven E. Miller, "The Case Against a Ukraine Nuclear Deterrent," *Foreign Affairs*(Summer 1993), p. 77.

소련의 주도로 이루어졌기 때문에 독립 이후 설령 핵을 보유하게 되더라도 러시아의 지원 없이는 정상적 유지나 사용이 불가능한 상황이었다. 따라서 어차피 제대로 사용할 수도 없으면서 핵폐기에 주저했다면 대외적으론 모순적으로 비쳤을 것이다. 그런데 우크라이나는 가뜩이나 어려운 경제 상황에서 구소련에 의해 배치된 핵무기를 제거하기 위해 자국의 재원을 투자하는 것은 불합리한 것으로 인식했다.[21]

게다가 1993년 중반까지 표면적으로는 모스크바의 참모본부가 이들 국가의 전략핵무기와 전투기에 대한 실제적인 작전통제권을 갖고 있었다. 설령 구소련 3국이 이러한 시스템을 장악하더라도 그들의 기술수준으로는 통제장치와 관련된 기술적 문제를 완전히 제어할 수는 없었을 것이다. 또한 마찬가지로 그들의 조잡한 장비로는 재사용을 위해 핵물질을 탄두로부터 분리하는 데에도 한계에 봉착했을 것이다. 아울러 지리적 인접성 때문에 그들의 수중에 들어간 구소련의 대륙간탄도미사일(ICBM)이 모스크바를 공격 목표화하는 것은 기술적으로 불가능했다.[22] 이처럼 소련의 붕괴로 인해 피동적으로 핵보유국이 된 구소련 3국은 핵전력을 효과적으로 운용할 기술적 한계를 절감하고 있었다.

따라서 구소련 3국의 비핵화 행보에는 안전보장과 경제적 지원 외에도 현실적으로 핵무기 운용에 필요한 재정 확보 문제 및 고도의 전문성과 기술적 영역에서의 한계가 주요한 동기로 작용했다.

---

20) Paul, V. T., *Power versus Prudence: Why Nations Forgo Nuclear Weapons*(McGill-Queen's University Press, 2000). pp. 119~120.

21) 박종철 외, 『한반도평화와 북한 비핵화: 협력적 위협감축(CTR)의 적용방안』(서울: 통일연구원, 2011), 71쪽.

22) 루이스 A. 던, 「미국안보에 대한 새로운 핵보유국의 위협」, 46쪽.

(2) 지도부에 의한 전략적 결단의 실행

구소련 3국의 비핵화 결행에는 최고위층의 정치적 결단을 통한 리더십 요인이 있었다. 사실 핵무기를 포기해야만 하는 결정에 대해 내부적으로 반발이 없었던 것은 아니다. 우크라이나에서 핵포기 및 해체와 관련하여 대외적 협상에 관여한 기관들로는 조정 역할을 맡았던 외교부 외에도 국 방부, 기계제조부(Ministry of Machine-building), 국방전환 및 군산복합체 (Military-Industrial Complex and Conversion), 핵·방사능안전국가위원회(State Committee on Nuclear and Radiation Safety), 내각 전문가 및 기술 자문위 원회(Expert and Technical Committee of the Cabinet of Ministers) 등이 있었 고, 리스본협약, START I, 그리고 NPT 가입 등의 비준과 관련하여 의회 도 관여함으로써 행정부와 의회, 그리고 산업계까지 상당히 폭넓은 참여 가 이루어졌다. 이 가운데 특히, 우크라이나의 의회와 군부는 핵을 포기 할 경우 소련으로부터 정치적·군사적인 압박을 받을 것을 우려해서 정부 의 핵포기 결정에 크게 반발했다.[23) 이에 따라 1992년 내내 우크라이나 는 핵무기의 포기를 주저하는 행동을 계속했다. 더욱이 1992년 3월 독자 적인 군대를 창설함에 따라 우크라이나에서는 구소련 핵무기의 계속적인 보유를 주장하는 군부와 구공산당 관리들 간의 연합행동이 일어날 소지 가 있었다.[24)

그럼에도 우크라이나 최고지도부는 핵강국 러시아와 인접한 상황에서 상대적으로 소규모의 핵무기를 통해 국가안보를 유지할 수 있는가에 대 하여 회의적인 인식을 가지고 있었다. 또한 전환기 우크라이나의 정치적

---

23) 전성훈, 『북핵 '2·13합의'와 평화적인 핵폐기 사례 분석』(서울: 통일연구원, 2007), 45쪽.

24) Nicolai Sokov, "Non-Proliferalation in the CIS: The Quest for the NPT," unpublished manuscript, 1992, p. 5 참조.

및 경제적 불안정은 사유화를 통한 시장경제의 안정화를 필요로 하고, 이를 위해서는 국제사회와 견실한 협력체계를 구축할 필요성이 있었다. 이러한 때 국제사회의 우려에도 핵무기를 고집하는 것은 득보다 실이 크다는 것이 지도부의 현실인식이었다. 한편 소규모 핵전력을 가진 국가는 규모나 성능에 대한 전략적 모호성에 기초해 자신들의 핵역량을 극대화하는 사실에 비추어보면, 구소련 지역의 핵전력 정보는 러시아에 모두 노출되어 있었다. 따라서 현실적으로 핵포기를 통한 국익실현이 차라리 구소련 3국의 현실적 이익에 부합한다는 지도부의 냉철한 상황 인식에 따라 비핵화의 길로 나아가게 되었다.

4. 결론 및 교훈

살펴본 바와 같이 구소련 3국은 소련의 붕괴로 인해 의도하지 않은 채 핵무기 보유국이 되었다. 애초부터 핵보유국 야망을 추구하지 않은 카자흐스탄과 벨라루스를 제외하고 우크라이나는 비핵화를 위한 과정에서 서방 및 러시아와 마찰과 갈등을 일으켰다. 우크라이나 비핵화는 핵무기 포기로 인한 안보적 불안요소를 국제사회의 보증을 통해 해소하고, 아울러 핵무기 포기에 상응하는 경제적 보상을 요구하고 관철하는 과정이었다.

구소련 3국의 비핵화 과정이 핵무기 보유를 추구하는 국가나 국제사회에 던지는 함의는 결국 비핵화가 핵보유국의 지위를 갖는 것보다 더 많이 국가적 이익에 기여할 것이라는 점이다. 또한 3국 지도부는 핵무기 보유는 국가적 당면 현안인 확고한 독립국가 실현 및 경제발전을 저해하는 환경을 초래할 것을 우려했다. 무엇보다 국제사회의 새로운 일원이 되고자 했던 3국은 모두가 우려하는 핵보유국의 길을 가면서 야기되는 사태를 감당할 여력이 없었다. 더구나 각국이 부담해야 할 재정적·기술적 문제는 핵보유국으로의 선택을 제약하는 요인이었다.

구소련 3국의 비핵화 사례가 북핵문제 해결에 주는 시사점은 다음과 같다. 첫째, 당사국의 비핵화 의지의 문제이다. 우크라이나를 포함한 구소련 3국의 핵보유 동기는 적극적 개발의지의 산물이 아니라 피동적으로 주어졌다는 점이다. 이에 반해 북한은 외부위협에 맞서 수십 년 동안 집요하게 핵무기 보유를 추구했으며, 명실공히 스스로 핵보유국 지위에 올랐음을 천명했다. 따라서 포기에 따른 보상의 수준 및 내부적 진통이 구소련 사례와 비교할 수 없을 만큼 크고 격렬하게 전개될 것으로 짐작된다. 이미 핵무기 보유에 대한 국가 및 국민적 자부심에 들뜬 북한에 경제적 보상이 핵포기를 위한 강력한 동기로 작용할 수 있을지에 대해서는 의문의 여지가 있는 것이 사실이다. 더욱이 핵보유국으로서의 자부심이 김정은 정권의 권력유지와 결부되는 상황에서 국가와 국민의 이해보다 김정은체제 유지가 우선적으로 관철되는 체제의 특성이 핵포기 결단을 제약하고 있다는 점이다. 이처럼 북한이 느끼는 위협은 국가에 대한 안보위협과 정권에 대한 안정위협이다. 따라서 북한과의 핵협상에는 당시 구소련이 직면했던 국가에 대한 안보위협 외에 정권안정이라는 변수도 고려되어야 한다.

둘째, 당사국의 체제변화가 함께 모색되어야 한다. 우크라이나는 붕괴된 사회주의 체제를 뒤로하고 적극적으로 서방체제를 받아들이고 협력을 추구했다. 우크라이나는 지금도 대외전략의 핵심이 유럽연합의 회원국이 되는 것이다. 당시 미국 등 서방국들은 구소련 3국의 국제사회로의 적극적 편입의지를 확인한 후에야 대대적인 지원을 시작했다. 그러나 현재 북한처럼 체제에 대한 완고한 입장이 요지부동인 상황에서 총체적인 대북한 지원이 전개될 수는 없는 것이다. 따라서 북한이 스스로 변화의 길을 모색해야겠지만 국제사회 또한 북한이 체제붕괴에 대한 두려움 없이 변화의 길을 가기 위한 제도적 방안을 고민해야 한다.

셋째, 동북아 안보환경의 협력적 구도로의 전환이다. 우크라이나를 포함한 3국은 미국과 러시아를 위시한 국제사회로부터 안보에 관한 확고한 보장을 받았다. 핵포기로 인한 안보능력의 약화를 우려한 구소련 3국의 안보위협 해소는 무엇보다 가장 큰 핵포기 동기로 작용했다. 북한 또한 미국에 의한 대북적대시 정책의 실행을 핵무장의 근거로 내세우는 마당에 북한의 안보 의구심 해소는 핵문제 해결의 가장 일차적인 사안이다. 북핵문제는 일국만을 대상으로 한 안보와 경제적 보상의 차원에서만 접근해서는 해결될 수 없는 구조적 문제인 것이다. 따라서 북핵문제 해결은 일국 및 양자적 차원의 접근이 아닌 동북아 차원의 기존 안보구조에 대한 비판적 성찰을 토대로 다자가 합의하고 공존할 수 있는 협력적 안보질서 창출을 통해서만 해결의 실마리를 얻을 수 있을 것이다.

참고문헌

1. 국내문헌

김재천. 2007. 「협력적 위협감축조치(Cooperative Threat Reduction) 방식을 통한 북한 핵문제 해결방안에 관한 고찰」. 참여연대 평화군축센터.

김종선. 2010. 「북한의 비핵화 프로그램 전략을 위한 구소련의 사례 연구」. 북한연구학회 편. ≪북한연구학회보≫, 제14권 제1호.

나이, 조지프 S(Joseph S. Nye). 1997. 「외교적 수단」. 로버트 D. 블랙웰. 『미국의 핵정책과 새로운 핵보유국』. 이정우 외 옮김. 서울: 도서출판 한울.

던, 루이스 A. 1997. 「미국안보에 대한 새로운 핵보유국의 위협」. 로버트 D. 블랙웰. 『미국의 핵정책과 새로운 핵보유국』. 이정우 외 옮김. 서울: 도서출판 한울.

류광철 외. 2005. 『군축과 비확산의 세계』. 서울: 평민사.

박건영. 2012. 「핵무기와 국제정치: 역사, 이론, 정책 그리고 미래」. 이수훈. 『핵의 국제정치』. 서울: 경남대학교 극동문제연구소.

박종철 외. 2011. 『한반도평화와 북한 비핵화: 협력적 위협감축(CTR)의 적용방안』. 서울: 통일연구원.

백진현. 2010. 『핵비확산체제의 위기와 한국』. 서울: 도서출판 오름.

베일리스·스미스(John Baylis and Steve Smith). 2006. 『세계정치론』. 하영선 외 옮김. 서울: 을유문화사.

벨라쇼프, 볼로디미르(Volodymyr Belashov). 2009. 「우크라이나 비핵화: 한반도 비핵화에 주는 교훈」. 제주평화연구원 편, ≪JPI정책포럼≫, No.2009-3.

전성훈. 2007. 『북핵 '2.13합의'와 평화적인 핵폐기 사례 분석』. 서울: 통일연구원.

정은숙. 2012. 「글로벌 비핵화의 모범사례: 벨로루시, 우크라이나, 카자흐스탄」. 『글로벌 거버넌스와 국제안보: 이슈와 행위자』. 파주: 도서출판 한울.

조순구. 2005. 「핵무기 해체사례와 북한 핵의 평화적 관리방안」. 한국국제정치학회 편, ≪국제정치논총≫, 제45집 3호.

칸스, 마가렛 P. 외(Margaret P. Karns). 2007. 『국제기구의 이해: 글로벌 거버넌스의 정치와 과정』. 김계동 외 옮김. 서울: 명인문화사.

키에르, 안네 메테(Anne Mette Kjaer). 2004. 『거버넌스(governance)』. 이유진 옮김. 서울: 도서출판 오름.

2. 외국문헌

Commission and Global Governance. 1995. *Our Global Neighbourhood: Report of the Commission on Global Governance.* Oxford: Oxford University Press.

Caker, John C. 1997. *Non-Proliferation Incentives for Russia and Ukraine*(Adelphi Paper 309). London: The International institute for Strategic Studies.

Miller, Steven E. 1993. "The Case Against a Ukraine Nuclear Deterrent." *Foreign Affairs*, Summer 1993.

Nye, Jr., Joseph S. 1981. "Maintaining a Non-Proliferation Regime." *International Organization*, vol.35, no. 1, Winter.

Paul, V. T. 2000. *Power versus Prudence: Why Nations Forgo Nuclear Weapons.* McGill-Queen's University Press.

Paznyak, Vyachaslau E. 1997. "Nunn-Lugar Program Assessment: The Case of Belarus." in John M. Shields and William C. Potter(eds.). *Dismantling the Cold War: Us and NIS Perspectives on the Nunn-Lugar Cooperative Threat Reduction Program.* Cambridge, MA: MIT Press.

Sokov, Nicolai. 1992. "Non-Proliferalation in the CIS: The Quest for the NPT." Unpublished Manuscript.

3. 기타자료

Treaty on the Non-Proliferation of Nuclear Weapons(hereinafter NPT). July 1, 1968. 728 United Nations Treaty Series 161.

제2장

중국의 경제발전과 글로벌 개발원조 거버넌스
: 공적개발원조(ODA)의 역할을 중심으로*

박 병 인

1. 서론

1980년대 말, 냉전체제의 종식과 시장민주제도의 확산은 글로벌 거버넌스가 등장하는 토양이 되었다. 기존 국제질서의 중심 역할을 수행하던 유엔(UN)이 활력을 잃고 표류하는 가운데 전 지구적 차원에서 활동하는 국제 행위자들이 출현했다. 바야흐로 국제사회는 지구적 차원의 문제해결을 위해 국가뿐만 아니라 국제기구, 다국적 기업, 조직화된 시민사회그룹 등 다양한 양자 및 다자적 행위자들의 참여를 요구했다. 중국의 경우에도 개혁·개방의 추진과정에서 세계은행을 비롯한 국제금융기구, 해외자본 등 다양한 세력들이 중국의 정책 행보에 영향을 주었다. 그중 공적개발원조(ODA)를 통한 행위자들의 활동은 중국의 체제개혁에 추동력을 불어넣었다.

지난 50년간 인류가 발전과 빈부감소 분야에서 획득한 성과는 역사상

___
* 이 글은 ≪중국학연구≫, 제62호(2012)에 실린 글을 수정·보완한 것이다.

어떤 시기보다 높다. 하지만 개발도상국의 빈곤과 낙후는 여전히 심각한 세계적인 문제로 인식되고 있다. 국제화가 심화되어 가는 가운데 개발도상국의 빈곤, 낙후 및 남북격차의 증가는 세계경제 발전과 지역의 평화안정에도 부정적 영향을 끼친다. 따라서 냉전 이후 신국제정치경제 질서 속에서 개발원조는 선진국이든 개발도상국이든 모두에게 중요한 의미를 갖고 있다.

1990년대 이래 개발원조는 이론적이든지 실천이든지 모두 역사상 유례가 없었던 도전에 직면하고 있다. 개발원조 제도를 강화하고 개선하는 것은 개발도상국의 지속가능한 발전을 구현하는 데 중요한 의미를 지니고 있다. 또한 전 세계가 원조피로(Aid Fatigue)에 빠지고, 개발원조가 많은 개발도상국에서 효율성이 저하되는 상황에 직면하여, 개발원조에 존재하는 문제에 대해 체계적이고 심층적인 연구를 하는 것은 매우 중요한 과제이다.

1949년 중화인민공화국 성립 이래, 개발도상국으로서의 중국은 세계적인 원조 수혜국 중 하나였다. 1945년 제2차 세계대전이 종식된 이후 70여 년간 중국에서 개발원조가 다양한 차원에서 전개되었다. 대중국 외국 자금 유입에서 외국인 직접투자가 확고한 지위를 차지하고 있지만 개발원조는 중국의 경제발전과 변화에 대한 영향력 측면에서 매우 중요한 의미를 지닌다. 서방의 원조가 단지 경제적 영역에 국한되지 않고 원조국과 원조기구의 가치와 이념이 동시에 전파되면서 중국의 변화를 추동했기 때문이다. 중국은 서방의 선진기술 및 제도, 의식 등을 유입하면서 경제적 성취와 제도혁신을 이루어내는 계기로 활용했다.

이 글의 목적은 중국이 체제개혁기에 직면한 환경과 경제발전 전략을 분석하고, 글로벌 개발원조 거버넌스가 어떻게 작동했는지를 밝히는 데 있다. 중국의 경제발전 과정에서 작용한 개발원조의 역할과 영향은 결국 개혁과 개방을 통한 경제적 활로를 모색해야 할 북한의 현재와 미래를 읽는 데 함의를 제공할 것으로 본다.

2. 글로벌 개발원조 거버넌스와 사회주의 체제개혁

1) 글로벌 거버넌스와 공적개발원조(ODA)

냉전의 종식은 전 지구적 차원의 변화를 수반하면서 '글로벌 거버넌스'가 대두하는 단초가 되었다. 그러나 '글로벌 거버넌스'에 대한 개념은 백가쟁명으로 논의되며 명확한 정의를 세우지 못하고 다양하게 이해되고 있다.

거버넌스는 일반적으로 "공동의 문제를 관리 및 해결을 하기 위한 다양한 사적·공적인 제도나 방식의 결집체" 정도로 정의할 수 있을 것이다. 보다 구체적으로는 국내적으로는 국가에 의한 명령, 국제적으로는 세계정부나 국제기구에 의한 강제에 의거하지 않는 다양한 권위체에 의한 협력적 문제해결이란 특성을 가진 것으로 이해된다. 거버넌스 개념은 다양한 학문 영역에서 사용되고 있으며, 정치학 영역에서도 국내 정치와 관련해서 국가 권위의 약화를 대체하는 개념으로 널리 통용되었다. 특히 국가 중심성이 두드러진 국제정치 분야에서는 냉전 종식 이후에야 비로소 점차 수용되기 시작했다.[1]

---

1) Miles Kaheler and David A. Lake, "Globalization and Governance," in Miles and David A. Lake(eds.), *Governance in a Global Economy: Political Authority in Transition*(Princeton University Press, 2003), pp. 7~8; Joseph s. Nye and John D. Donahue, *Governance in a Globalizing World*(Washington, D.C.: Brookings

1980년대 다수의 서구 국가에서는 민영화, 민간 경영원리의 공공 부문 적용, 분권화 등을 포함하는 공공 부문 개혁이 광범위하게 추진되었다. 중앙정부의 기능은 하위 정부로 분산되었고, 일부 지역에서는 정치적 권위가 초국가적 조직에 이양되는 현상이 점증했다. 또 다수 국가에서 시민사회단체들의 공공 서비스 제공에 대한 관여도 증가했다. 그 결과 정치체제의 지속적인 파편화 현상이 나타났다. 따라서 학자들은 정치체제가 공동의 목적을 추가하는 데 다수의 행위자와 집단이 개입됨을 인식하기 시작했고, 전통적 행정학 이론에서 규정하는 공공과 민간의 명확한 구분을 점차 부인하게 되었다. 그보다는 자율적으로 조직화되는 집단 간의 네트워크(self-organizing inter-organizational networks)를 어떻게 조정할 것인가가 핵심적인 문제가 되었다.2)

한편 대외원조는 타국과 그 국민을 위하여 자본, 상품, 용역의 국제적 공여를 의미하는 글로벌 거버넌스의 중요한 영역으로서, 해외원조(Foreign Aid), 개발원조(Development Aid), 개발협력(Development Cooperation), 개발원조 등 주체마다 상이하게 표현되고 있다.3) 현재 한국국제협력단

Institution, 2000) 참조.

2) 안네 메테 키에르, 『거버넌스(governance)』, 이유진 옮김(서울: 도서출판 오름, 2004), 15쪽.

3) 공적개발원조(ODA)란 한 국가의 중앙 혹은 지방정부 등 공공기관이나 원조집행 기관이 개발도상국의 경제개발과 복지향상을 위해 개발도상국이나 국제기구에 제공하는 자금의 흐름을 뜻한다. 특히 OECD의 DAC에 의해 정의된 ODA란 ODA 수혜국으로 DAC list에 등록된 국가들 혹은 그 지역에 흘러 들어가는 자금을 말한다. 즉, ① 공식적인 행위자(국가, 정부기관)에 의해, ② 수혜국의 경제발전, 복지를 주요 목적으로 두는 원조자금이며, 그중 양도성 차관의 경우, 증여 상당분(Grant Element)이 최소 25%에 이르러야 한다. ODA로 인정되기 위해서는 차관은 양도성을 지녀야 하며 시장이윤보다 낮은 상환율을 가져야 하는 조건이 있다(http://www.oecd.org/dataoecd/21/21/34086975.pdf).

(KOICA)에서는 '개발원조'라는 용어를 사용하고 있으며, 경제협력개발기구(OECD)의 개발원조위원회(DAC)에서는 '공적개발원조(Official Development Assistance: ODA)'로 통일하고 있다. 이 글에서는 특별한 상황을 설명할 때 제한적으로 다른 용어를 사용하는 것을 제외하고는 '개발원조'라는 용어를 포괄적으로 사용한다.

후진 개도국의 사회경제적 발전을 위한 국제개발협력은 21세기 지구공동체의 중요한 화두 중 하나이다. 1948년 UN 인권선언은 인간의 존엄과 기본적 인권, 자유, 사회 진보와 생활수준 개선의 촉진을 규정했다. 모든 인간은 인간다운 삶을 영위할 권리를 가지고 있으며, 다른 지구촌 구성원이 인간다운 삶을 영위할 수 있도록 이들을 지원할 의무가 있다고 천명했다. 그뿐만 아니라 개도국 개발지원은 공여국의 국가이익에도 부합하는 것으로 인식되고 있다. 다른 개도국의 빈곤과 궁핍은 내전, 테러리즘, 조직범죄 등을 매개로 자신의 안보는 물론 국제질서의 안정에도 위협이 되기 때문이다.[4] 따라서 개발원조는 단순히 시혜적 차원에서 접근하는 것이 아닌 공존과 상호이익의 관점에서 접근할 필요성이 있다. 최근의 개발원조는 개발에 따른 근본적 사회변화의 흐름에도 관심을 가지면서 개발효과성에 주목을 하고 있다.

2) 국제사회 경제원조의 정치경제적 함의

경제원조의 정책목표는 매우 복잡한 문제를 내포하고 있다. 이것은 각국의 입장, 역사적 단계, 개별적 원조 사안의 차이에 기인하기도 한다. 이

---

4) 최종영 외, 「글로벌 거버넌스의 변화와 한국의 외교전략」(서울: 외교통상부 연구용역 결과보고서, 2011), 9쪽.

는 선진국과 강대국의 대외정책을 실현하는 데 매우 중요한 위치를 차지
하며, 각국이 자국의 국제정치적·경제적·군사적 목적을 실현하는 주요한
수단으로 활용하고 있다. 일국이 타국 혹은 어느 지역에 경제원조를 실시
하는 것은 본국의 외교정책, 대외경제정책, 정치경제적 이익, 원조 수혜
국과의 관계, 원조 수혜국의 정치경제 상황, 국제적 지위 등 다양한 요인
의 영향을 받는다. 이렇듯 경제원조의 정책목표는 다양한 목적의 교집합
으로 얽혀 있으며, 대개는 특정한 정책목표나 목적하에 전개되는 경우가
많다. 원조국은 원조 수혜국의 이익을 도모한다는 표면적인 수사와는 달
리 실제 원조목적이 존재하는 것이 현실이다. 공개적으로는 상대방 국가
를 위해서 혹은 세계이익을 위해서라는 거창한 목표로 치장되곤 한다. 그
러나 이면에는 공개할 수 없고 심지어 부인해야 하는 목적도 존재한다.
이런 목적은 대개 원조국의 이해와 연관되어 있다. 이런 이해관계가 실제
경제원조의 핵심적 정책목표이자 동력으로 작용하기도 한다. 이러한 경
제원조의 정책목표는 경제, 정치, 안보·전략적 목표로 다음과 같이 정리
할 수 있다.[5]

첫째, 경제적 이익 차원이다. 원조국이 경제원조를 통해 경제이익을 획
득하는 방식은 주로 두 가지가 있다. 하나는 경제원조의 형식을 통해 원
조 수혜국과 경제협력을 하는 것이다. 예를 들면 원조국은 경제적 자원을
획득하고, 상호 간 무역을 촉진하고, 원조 수혜국의 투자환경을 개선하는
것 등이다. 또 다른 하나는 원조 수혜국으로 하여금 원조국의 상품과 서
비스를 구매하도록 요구하여, 원조로 제공된 자원을 결국 최종적으로 원
조국이 획득하게 되는 방식이다.

경제원조를 이용한 원조국과 원조 수혜국의 경제협력 관계에 대해서

---

5) 周永生, 「官方发展援助的政策目标」, ≪外交学院报≫, 第4期(北京, 2002), pp. 20~23.

는 일본의 경제원조 정책에 비교적 전형적으로 드러난다. 전체적으로 말하면, 1950년 이래 일본 경제원조의 가장 중요한 요인은 경제적 동기이며, "원조·투자·무역"이라는 삼위일체형 협력방식은 일본형 경제원조의 중요한 특징을 이루고 있다. 아시아 지역은 일본 경제원조의 중점 대상지역이다. 1980~1981년 대아시아 경제원조 규모는 일본 경제원조 총액의 73.6%, 1990~1991년은 66.6%, 2000~2001년은 72.1%로, 이것은 아시아 지역이 일본 대외투자와 무역의 주요 대상임을 보여주고 있다. 이외에도 일본의 경제원조는 자신들이 필요로 하는 자원 확보와 결부되어 추진되는 특징을 가지고 있다. 예를 들면, 인도네시아는 일본 경제원조 중에 계속 특수적인 지위를 차지하고 있다. 이는 인도네시아가 일본에 석유, 천연가스 등 자원을 제공할 뿐 아니라, 중동으로부터 일본에 들여오는 석유의 해상 수송로의 핵심지역에 있다는 점을 인식한 결과로 보인다.

둘째, 정치이익 측면이다. 정치적 이익은 구체적으로 세 가지 방식으로 정리할 수 있다. ① 이데올로기의 수출 성격을 띠면서 원조국의 정치경제제도를 이식하고자 하는 것이다. ② 경제원조를 통해 자국의 국제정치적 지위를 제고하고 이미지를 개선하는 것이다. ③ 본국이 특정 국가에 대한 영향력을 지속하여 역사상 지속되어온 특수한 관계를 유지하고자 하는 것이다.

냉전 종식 후, 국제정치구조에 중대한 변화가 있었지만 경제원조는 여전히 선진국이 정치이익을 실현하려는 중요하고도 유효한 도구이다. 1970년대 후반부터 1990년대 후반의 대략 20년 동안, 주요 국제원조기구는 경제원조를 시행하면서 개발도상국의 일정한 경제체제개혁(예를 들면 시장화, 사유화 등)을 요구하는 '정치성 조건'을 달고서 원조자금을 집행했다. '정치성 조건'의 범위는 민주, 인권, 법률 등의 영역까지 확대되었다. 특히, 일본은 1990년대 초부터 UN 안전보장이사회 상임 이사국에 진출하여 정책대국의 지위를 획득하는 것을 중요한 정치적 목표로 삼았다. 이에 따라 일본의 원조는 국제기구 등에서 일본에 대한 지지를 암묵적으로 강제하는 수단으로 작용하고 있다.

일반적으로 식민지 경험을 가진 신생 국가들은 경제적으로 저효율적이며 폐쇄적이고 비민주적 통치체제를 유지하고 있으나, 정치적으로는 전(前) 종주국과 우호적 관계를 맺음으로써 식민경험이 없는 국가보다는 더 좋은 정책적 환경을 지니고 있다고 볼 수 있다. 이는 식민역사가 없는 국가보다 더욱 많은 원조를 얻을 수 있는 토대가 되기도 한다. 예를 들면 프랑스 좌우 각 파는 모두 아프리카를 정치적·경제적·문화적으로 프랑스의 세력범위로 인식하고, 프랑스 국민들 또한 감정적으로 그들 국가에 대한 영향력 유지는 프랑스가 대국지위를 체현하는 것으로 인식하고 있다.

셋째, 안보이익과 전략이익 측면이다. 비군사원조의 성질을 가진 경제원조를 이익교환에 이용함으로써 이를 원조국의 안보와 전략상의 이익으로 치환할 수가 있는 것이다.

안보이익은 국가이익체계 중에서도 가장 기초적이고 본질적인 지위를 점하고 있다. 예로, 미국 원조정책을 입안하는 전략가들은 미국의 경제원조가 안보와 경제적 이익을 어떻게 구현할 것인지에 대한 근본적 물음을 도외시한 적이 없으며, 가장 중요한 목표는 미국의 안보이익을 유지하고 보호하는 것임을 보여주고 있다. 이러한 안보이익은 냉전기에는 공산주의 확장을 제지하는 역할을 수행했고, 냉전 종식 후에는 평화유지와 충돌방지 역할을 맡았다. 냉전시기, 경제원조는 서방세계가 개발도상국의 지지를 획득하는 주요한 수단이었으며, 냉전이 종식된 이후에는 비록 그 중요성은 다소 감소했으나 원조국은 자국의 안보이익과 원조의 상관관계를 소홀히 한 적이 없다.

경제원조는 원조국의 전략이익에도 유용하게 활용되고 있다. 이는 본국의 국제정치, 군사, 안보 등의 전략적 고려와 서로 어울리고 밀접하게 연관되어 시행되고 있다. 전략적 원조는 비교적 장기적이고 고정적인 정책 성향을 지니고 있다고 볼 수 있다. 미국의 경제원조정책은 대개 전략이익의 관점에서 주시할 사안들이 많다. 예로, 이스라엘과 이집트에 대한 미국의 경제원조는 전략적 이익이라는 관점하에 전개되었다.[6]

3) 사회주의 체제개혁과 ODA의 작용

구사회주의국가들의 시장경제체제로의 전환과정은 유형에 따라 서로 다른 특징을 나타냈다. 대체로 사회주의 공업국가들인 동유럽과 구소련 지역은 급진적 경제체제개혁의 특성을 보였고, 저발전 사회주의국가인 중국과 같은 경우는 점진적 경제체제전환의 경향을 보였다. 또한 각 국가의 특성에 따라서 경제정책의 시행과 그 결과도 다르게 나타났다.

구소련 지역의 국가들이 경제체제 개혁과정에서 어려움을 겪은 데 비해 헝가리, 폴란드, 체코 등은 비교적 빠르게 회복국면에 접어들었다.[7] 아시아 사회주의권의 경우 중국의 경제개혁과정은 상징적인 의미를 지닌다. 점진적이고 순차적인 경제체제개혁을 택했던 중국은 지속적인 성장을 구가했으며, 톈안먼(天安門) 사태를 제외하면 정치적인 갈등도 상대적

---

6) 미국의 대중동정책의 핵심적 이해는 중동 석유자원에 대한 안정적 권리 확보와 소련의 영향력 확대 저지에 집중되어 있었다. 이에 따라 미국의 전략적 동맹인 이스라엘과의 관계를 강화했고, 1970년대부터는 이집트 정부에 막대한 경제적·군사적 원조를 시행함으로써 양국은 미국이 전개하는 대중동정책의 두 축으로 기능했다.

7) Minxin Pei, "Microfoundations of State-Socialism and Patterns of Economic Transformation," *Communist and Post-Communist Studies*, Vol. 29, No. 2(1996), pp. 131~132.

으로 작았다. 이처럼 사회주의권의 시장경제체제로의 다양한 전환과정은 체제전환경로와 경제개혁정책에 관한 논의를 증대시켰다.[8]

사회주의를 경험한 국가들에게 개발과 개발협력은 다양한 면을 보여주고 있다. 저발전 사회주의국가들의 체제전환과정에서는 개발의 문제가 저발전 해소와 아울러 시장화의 진전이라는 측면에서 이해될 수 있다. 그러나 진전된 산업화의 경험을 가진 탈사회주의 체제전환국들에게 개발의 개념은 이와 다른 면을 보여주고 있다. 이들 국가에서는 위기의 발생이 저발전의 해소보다는 사회주의 산업화의 모순에 기인하기 때문이다. 따라서 사회주의 공업국가들의 체제전환과정에서 개발의 문제는 저발전의 해소보다는 시장화의 진전과 더 깊은 관련이 있으며, 개발협력 역시 이에 대한 지원의 성격이 더 강하다고 할 수 있다. 그러므로 저발전의 해소를 통한 생활수준의 향상을 목표로 하는 일반적 개발모델의 적용은 제한적인 의미를 지닌다고 할 수 있다.[9]

중국, 베트남과 같이 사회주의 체제의 근간을 유지하면서 개혁·개방을 추진할 경우 국내적 요인들과 달리 대외관계를 어떻게 풀어나가느냐 하는 것은 매우 중요한 과제이다. 즉, 국가 차원의 협력뿐만 아니라 국제금융기구 등과 정치·경제적으로 어떠한 관계를 맺고 있느냐에 따라 개혁·개방에 미치는 영향은 상당히 복합적이고 다중적이다. 이들 국가 및 국제기구들과의 협력 등은 곧바로 경제협력개발기구(OECD) 개발원조위원회(DAC)의 공적개발원조(ODA) 지원으로 연결되며, 이에 추가하여 민간의 투자 등과도 연관된다.[10] 이는 자본이 부족한 체제전환기 국가에 자금 갈

---

8) 임강택 외, 『국제사회의 개발지원 이론과 실제: 북한개발지원을 위한 모색』(서울: 통일연구원, 2008), 44쪽.

9) 이금순 외, 『국제개발이론 현황』(서울: 통일연구원, 2008), 111쪽

10) 김영진, 「사회주의 국가의 개혁·개방정책과 공적개발원조(ODA)의 역할: 중국,

증을 해소할 수 있는 원천이 되는바, 개혁·개방정책을 실행하는 데 중요한 자산으로 기능하게 된다.

구사회주의국가들은 국제사회의 지원을 바탕으로 시장 시스템을 학습하고 자본주의 경영방식을 도입함으로써 점차 시장 원리에 익숙한 구조로 변화시켜나갔다. 이들은 서방세계의 시장 주체들과 교류하면서 전환기 국가 및 사회가 필요로 하는 물적·지적 자산을 유입하는 역할을 충실히 수행했다. 이렇듯 사회주의 체제전환국에서 개발원조는 개혁·개방을 견인하는 역할을 할 뿐 아니라 기술지원을 통해 정치, 사회, 문화적 변화로 파급된다. 이처럼 개발원조는 경제적 요소뿐만 아니라 기존 사회의 고정관념이나 이데올로기에 변화를 주면서 개혁·개방을 내실 있게 추진할 수 있는 동력을 제공했다.

3. 대중국 ODA의 전개: 현황, 특징, 평가

1) 국제사회의 대중국 양자 · 다자성 ODA 현황

1981년부터 2005년까지 중국이 국제금융기구로부터 유입한 차관은 566.62억 달러이며, 그중 세계은행이 397.94억 달러, 아시아개발은행이 164.38억 달러, 국제농업발전기금이 4.3억 달러이다(<표 2-1, 2-2>).[11]

___

베트남 사례의 북한에 대한 시사점」(경남대학교 대학원 박사학위 논문, 2011), 34쪽

11) 郝洁, 「我国利用国际金融组织贷款的历程回顾」, ≪山西财经大学学报≫, 第28卷(山西, 2006), p. 33. 한편, 1981년부터 2001년까지 IFC(국제금융기구)로부터 중국에 유입된 자금은 누적금액 기준으로 273.51억 달러이며, 이는 외자의 대중

<표 2-1> 1981~2005년 세계은행 대중국 차관 부문별 금액 및 비율

부문	부문별 관금액(100만 달러)	점유비율(%)
농업	10,083.68	26.49
교통	9,931.79	26.09
에너지	6,579.30	17.28
건설, 환경 및 홍수	5,754.48	15.12
공업	2,844.95	7.47
교육	1,797.34	4.72
위생	940.00	2.47
기타	140.20	0.37

자료: 세계은행 중국대표부.

<표 2-2> 1986~2005년 아시아개발은행 대중국 차관 부문별 금액 및 비율

부문	부문별 차관금액(100만 달러)	점유비율(%)
교통	9,462.5	58.48
환경보호 및 홍수	2,194.16	13.56
에너지	2,184.7	13.50
공업	1,216.8	7.52
농업	1,122.02	6.93

자료: 아시아개발은행 중국대표부.

국제금융기구는 20여 년간 중국에서 원조를 시행하면서 건설자금에 대한 부족현상을 완화시켰고, 빈곤감소, 사회기반시설 개선, 선진기술 도입, 경제 시스템, 재정개혁, 지역의 균형발전에 적극적이고 매우 유익한 역할을 수행했다.

국 유입 총액의 5.34%에 이르는 것이다. 胡鞍钢, 「国际金融组织对华贷款的宏观经济评估(1981~2001年)」, ≪开放导报≫, 第3期(北京, 2005), p. 30.

1980년 중국은 IMF와 세계은행의 회원 자격을 획득함으로써 경제개발과정에서 세계은행으로부터 본격적으로 지원을 받게 되었으며, 선진국 중에서는 일본의 지원이 큰 비중을 차지했다. 경제개발재원으로서 외국인 직접투자의 비중이 절대적으로 컸던 중국에게 국제기구와 선진국으로부터의 ODA는 중요성이 상대적으로 떨어졌지만 시장화를 위한 노하우와 기술지원으로서 중요한 의미를 지녔다.[12] 세계은행은 중국에 대한 ODA에서 중심적 역할을 수행했으며, 특히 자문 등 기술적 지원은 중국 국유기업 개혁에 큰 영향을 주었다. 세계은행의 중국에 대한 정책 제안 중 국유기업의 주식회사화 방안은 1990년대 국유기업개혁정책의 기초가 되었다는 점에서 중요한 의미를 지녔다.[13] 세계은행의 ODA는 농업, 교통, 에너지 부문에 집중되었고 산업 부문에 대한 지원도 상당한 비중을 차지했으며, 경제원조 프로그램들은 성공적인 것으로 평가받았다.[14]

20세기 1980년대와 1990년대 초, 세계은행의 대중국 개발원조의 주요 목적은 중국의 체제개혁을 추동하기 위한 것이었다. 이는 경제체제개혁이 장기적으로 중국의 경제를 성장시키고, 현대화 및 빈곤감소를 위한

---

12) 1978~1998년 중국의 외자도입액은 총 4,000억 달러에 달했다. 그것은 양자 간 원조 335억 달러, 국제금융기관의 지원 244억 달러, 민간상업차관 597억 달러, 외국인 직접투자 2,649억 달러로 구성되었다. 이는 중국의 개혁·개방 과정에서 외국인 직접투자가 중국의 개발자원으로 적극적으로 활용되었음을 보여주고 있다.

13) 김성철, 『국제금융기구와 사회주의 개혁·개방: 중국·베트남 경험이 북한에 주는 함의』(서울: 통일연구원, 2001), 24쪽. 중국은 1980년 5월 중화인민공화국의 이름으로 IMF와 세계은행에서 회원국 자격을 획득했으며, 1986년 3월 ADB(아시아개발은행)의 회원국이 되었다. 이로써 중국은 국제사회에서 신인도를 높일 수 있게 되었으며 개혁·개방 노선 추진을 위한 외부재원을 확보하는 중요한 계기를 마련했다.

14) 김석진·김계환, 『산업부문 국제 개발지원 경험과 북한에 대한 시사점: 체제전환국 사례를 중심으로』(서울: 산업연구원, 2007), 33~35쪽.

핵심적인 사안이었기 때문이다. 1990년대 후반부에는 그러한 토대 위에서 농업 및 농촌 발전과 환경보호에 심혈을 기울였다. 이후 2000년대 세계은행의 개발원조는 중국사회의 두 가지 전환을 지향했다. 우선 농업사회에서 공업사회로, 또 하나는 계획경제에서 시장경제로의 전환을 모색하는 것이었다. 세계은행의 대중국 전대차관은 1990년대 초기에 급격히 증가되어 1993년에 33억 달러에 이른 것을 정점으로 이후에는 점차 하락했고 2001년에는 10억 달러에도 이르지 못했다.[15]

1978년에 중국 정부는 유엔개발계획(UNDP)으로부터도 ODA를 받기 시작했다. 그 이전의 중국에 대한 원조는 구소련을 비롯한 공산주의 국가들에 의해 주도되었고, 빈곤완화보다는 산업 개발에 초점이 두어졌다. 1979~2005년 UNDP는 중국에 5.58억 달러의 자금을 제공했으며, 1996년부터는 하락하는 추세를 보였다. UNDP의 대중국 원조는 주로 프로젝트성 사업이었는데 1979~2000년 UNDP가 중국에 원조한 분야는 공업 분야 129개 프로젝트에 집중되었다. 그러나 중국의 경제가 발전하면서 원조의 중점은 공업 분야에서 빈민구제, 사회보장 등 사회영역으로 전환되었다.

한편 양자 간 ODA는 중국의 중요한 재원 중 하나였으며, 일본은 그중 가장 많은 규모의 원조를 시행했다. 1979~2004년, 일본 정부의 대중국 원조 총액은 3만 4,000엔에 달했다. 초기에 일본의 대중국 원조는 연해지역의 사회간접시설 건설에 중점을 두었으나 2000년부터 일본의 원조는 환경보호 및 내륙지역 주민의 생활수준 향상, 사회개발, 인력개발, 제도개선, 기술이전 등 분야로 확대되었다. 이는 중국의 일본에 대한 이해를 높이는 계기가 되기도 했다. 일본의 대중국 원조는 주로 무상자금지원

---

15) http://www.worldbank.org/oed(검색일: 2012.8.1).

<표 2-3> 1990~2004년 일본의 대중국 차관구성

연도	무상자금원조	기술협력	유상자금원조
1990	66.06	70.49	1,225.24
1991	66.52	68.55	1,296.07
1992	82.37	75.27	1,373.28
1993	98.23	76.51	1,387.43
1994	77.99	79.57	1,403.42
1995	4.81	73.74	1,414.29
1996	20.67	98.90	1,705.11
1997	68.86	103.82	2,029.06
1998	76.05	98.30	2,065.83
1999	59.10	73.30	1,926.37
2000	47.80	81.96	1,143.99
2001	63.33	77.77	1,613.66
2002	67.87	62.37	1,212.14
2003	51.50	61.80	966.92
2004	41.10	59.23	858.75

자료: 일본외무성, 일본주중국대사관(http://www.mofa.go.jp) 참조.

과 기술협력 및 엔차관(Yen借款) 등 세 부분으로 이루어졌다(<표 2-3>).

한편 일본의 원조규모는 가장 크지만 중국은 전체적으로 일본의 대중국 원조의 대부분이 상환을 필요로 하는 차관형식이었음을 지적하기도 한다.[16] <표 2-3>에서 보는 바와 같이, 무상원조와 기술협력은 일본의 대중국 원조비중에서 매우 낮음을 보여주고 있다. 2004년까지 무상원조는 892.26억 엔, 연평균 59.48억 엔이다. 기술협력원조는 1,161.58억 엔이며 연평균 77.44억 엔이고, 엔차관은 2만 2,621.56억 엔으로 연평균 1,508.10억 엔이다. 이는 무상원조와 기술협력원조가 총원조비중에서

---

16) 姜少敏,「发展援助与中国经济发展」,『教学与研究』, 第5期(北京, 2009), p. 16.

10%에도 못 미치고 있음을 보여주는 것이다. 2001년부터는 대중국 차관이 하락하기 시작하여 2005년, 2006년, 2007년 대중국 차관은 각각 747.98억 엔, 623.3억 엔 및 463.02억 엔이 되었다. 최근 대중국 원조는 환경보호 분야, 특히 중서부지역의 환경보호 프로젝트에 집중되고 있다. 한편 일본의 대중국 원조는 대부분 30~40년 장기 차관으로 중국경제발전을 견인했다는 평가를 받고 있다.

2) ODA의 대중국 특징과 평가

원조 수혜국으로서의 중국은 몇 가지 특징을 지니고 있다. 첫째, 중국은 서로 다른 시기에 여러 경로를 통해 원조를 받은 적이 있는데, 특히 대중국 ODA는 중국의 대외관계와 밀접한 관련이 있다. 즉, 중국과 러시아의 우호동맹조약 체결은 러시아의 대중국 원조와 행보를 같이했으며, 중국의 개혁·개방정책은 서방의 대중국 ODA 정책과 맥락을 같이했다. 둘째, 중국은 광활한 영토, 많은 인구 등으로 인해 다양한 종류의 원조활동을 수용할 수 있는 토대를 갖추고 있었다. 이러한 배경은 역설적으로 어떠한 원조세력도 경제원조 방식을 통해서는 중국의 정책에 일방적인 영향력을 갖기는 어렵다는 것을 의미했다. 이로써 원조세력이 기타 개발도상국에서 행사한 영향력이나 주도권과 비교해도 상대적으로 낮은 차원에 머물렀음을 알 수 있다. 셋째, 중국의 발전이 가속화되고 국력이 신장됨에 따라 대중국 ODA는 변화된 모습으로 나타났다. 즉, 초기의 경제 분야에서 이후 사회 분야에 대한 원조로 방향이 바뀌고, 그것이 다시 정부 정책과 국가제도 개혁에 대한 원조로 변화되었다. 넷째, 중국으로 유입된 것은 원조금뿐만이 아니었으며 원조세력의 기술, 관념과 방법도 함께 유입되었다. 이러한 기술, 관념과 방법의 수용과 참고는 경제발전의 주요

단계에서 대규모의 제도 개혁을 실행하고 추동하는 배경이 되었다.[17]

특히, '기술지원(technical assistance)'이나 '기술협력(technical coopera-tion)'으로 지칭되기도 하는 '기술원조(technical aid)'는 매우 포괄적으로 정의되고 있는데, 제공주체도 국제금융기구에 한정되지 않고 OECD와 같은 국제기구나 EU, NGO 등 다양하다. 그러므로 기술원조에는 협의의 선진기술 전수나 교육기자재 제공에서부터 도시계획 설계자문, 환경보호 교육 및 기금지원, 급진적 사유화의 매뉴얼 및 자문 제공 등과 같은 사회·경제영역의 지원뿐만 아니라 지원대상국의 시민사회 기반 구축과 정치적 민주화를 촉진하기 위한 현지 NGO들의 훈련, 독립언론매체 창설 및 자문 제공 등과 같이 정치적으로 민감한 사업, 기업자산의 가치평가나 매각 또는 외자유치를 위한 경영진단 등의 '수익사업'이나 국제금융범죄에 대처하기 위한 조세체계 정비지원 같은 것도 포함될 수 있다.[18] 이처럼 기술지원은 기존 체제를 유지하고자 하는 기득권 세력의 물적 토대를 약화시키고 시장경제가 착근할 수 있는 제도적 기반을 제공함으로써 중국 체제개혁의 동력을 제공했다.

무엇보다 중국이 ODA 항목을 실행하면서 시장경제를 학습하는 효과를 거두었을 뿐만 아니라 자본주의 친화적인 방식을 습득하는 계기를 마련했다고 볼 수 있다. 중국 내 ODA 사업은 공여자가 원하는 방향대로 '성공적으로', '새로운 기술과 관리방법'을 도입했고 게다가 '정책개혁'까지도 도입했다.[19] 중국은 1979년 이후 빈번하게 세계은행, 유엔 원조

---

17) 周弘·张浚·张敏, 「外援与发展: 以中国的受援经验为例」, ≪欧洲研究≫, 2期(北京, 2007), pp. 1~2.

18) 최봉대, 「북한 체제전환과 국제금융기구의 기술원조 방안: 중국·베트남 사례에 비추어본 수용방식과 효과문제를 중심으로」, ≪현대북한연구≫, 제12권 제2호 (2009), 167쪽

기구 및 주요 원조국의 정책자문을 수용했고, 원조기구의 지도자를 초빙하여 자문을 위한 전문가로 삼아 지도를 받았다. 세계은행의 첫 번째 보고서는 '중국 고위 관련의 입문 도서'가 되기도 했다.[20] 이처럼 중국의 시장경제 도입은 공여자가 제공하는 정책적 제언이 경제개혁의 방향을 제시하면서 제도적 발전을 이루어나갔다.

한편 상술한 대중국 ODA 특징과 함께 중국의 개혁·개방의 과정에서 ODA가 중국의 경제발전에 끼친 영향은 객관적으로 평가되어야 한다. 그 영향과 역할은 과대평가되어서도 안 되고 폄하되어도 안 될 것이다. 특히 ODA가 기술도입에 기여하고 구태의연한 사회주의적 관념을 혁신시키고 세계와 융합할 수 있는 통로가 되었다는 사실은 평가받아야 할 대목이다. 아울러 빈곤층에 대한 지원, 환경보호 방면에도 긍정적 역할을 수행했다. 이와 같은 ODA에 대한 평가의 두 측면은 다음과 같이 세부적으로 분석할 수 있을 것이다.[21]

우선 한 측면은 ODA가 중국 경제발전에 끼친 영향을 과도하게 평가하는 것이다. ODA의 중국 국내생산총량(GDP)의 비중은 0.5% 이하이며, 최근 몇 년은 0.25% 이하의 수치를 보인다. 또한 규모의 면에서나 GDP에서 차지하는 비중으로 보나 외국인 직접투자보다 그 비중이 상대적으로 낮은 것은 부인할 수 없다. 외국인 직접투자의 GDP 비중은 1990년대 초기 2년 사이에 1%, 1992년은 3%, 1993년과 1994년은 6%를 초과했다. 1995년에 다소 저하되었지만 기본적으로 3% 정도는 유지하고 있었다.[22] 총 ODA 지원규모로 보면, 중국은 세계에서 가장 많은 ODA

19) 世界银行业务评价局, 『中国国别援助评价报告[R]』(北京, 2005), pp. 7~8.

20) 世界银行业务评价局, 『中国国别援助评价报告[R]』(北京, 2004), pp. 55~60.

21) 姜少敏, 「发展援助与中国经济发展」, p. 16.

22) 世界银行, 『2008年世界发展报告』(北京: 清华大学出版社, 2008), p. 336.

원조 수혜국이다. 2006년 중국에 유입된 ODA액은 1,245억 달러이다. 그러나 이러한 규모의 원조액은 중국의 사회 각 분야에서 필요로 하는 방대한 자금규모에 비하면 극히 미미한 것이다. 이를 중국 인구 일인당 원조 금액으로 환산하면 평균 원조 금액은 1달러 정도이다.[23] 이것은 중국의 대ODA 의존도가 매우 낮다는 것을 시사한다. 따라서 원조세력이 ODA를 정치화하여 중국에 영향력 행사의 수단으로 삼는 것은 그다지 효율적인 수단이 아님을 말해준다.

또 다른 측면은 ODA가 중국 경제발전과정에 끼친 적극적 역할은 긍정적으로 평가하는 것이다. 이를 세부적으로 평가해보면 네 가지의 관점을 보인다. 첫째, 빈민구제와 빈곤층 감소에 대한 역할이다. 개혁·개방 이후 중국은 빈곤층 감소에 획기적인 성과를 이루었는데, 약 2.2억~2.9억 명이 그 혜택을 보았다. 이런 성과는 중국의 경제개혁에 매우 유용한 기반을 제공해주는 것이다. 이처럼 국제기구의 원조와 양자 원조는 중국의 빈곤층 감소에 많은 도움을 준 것이 사실이다. 이러한 프로젝트는 빈민구제를 위한 자금의 해갈에 도움을 주면서 해당지역의 빈곤문제에 괄목할 만한 성과를 이루어내었다. 더욱이 이를 통해 중국에 새로운 개념의 빈민구제 제도를 이식하는 데 실천적이고 선도적인 역할을 수행한 것으로 평가된다.[24]

---

23) 世界银行, 『2008 世界发展指标』(北京: 中国财政经济出版社, 2008), p. 364.

24) 1990년대, 세계은행은 국무원과 빈민구제를 위한 협력을 도모하고, 성공적으로 시난(西南)·산시(山西)·간쑤(甘肅) 지역과 내몽골 등에서 프로젝트를 실시하여 모두 만족한 효과를 얻었다. 예를 들어 세계은행이 수행한 중국 시난 지역 빈민구제 프로젝트에 대해서 말하자면, 광시(廣西) 지역 90만 이상의 빈곤층의 상황을 개선했다. 이외에도 세계은행, UNDP 등 국제기구가 중국에서 실시하는 무담보 소액대출 프로젝트도 큰 성과를 얻었다.

둘째, 사회기반시설 건설에 관한 것이다. 세계은행 등은 사회기반시설이 시장 일체화, 빈부감소 및 중국 내륙지역 발전에 가장 유효한 방식 중의 하나라고 인식하고 있다. 그래서 사회기반시설 프로젝트는 세계은행의 중국에 대한 대출 중에서 줄곧 중요한 위치를 차지하고 있다. 예를 들어, 1993~2002년 에너지와 교통 부문의 대출 금액은 111억 달러로 총 대출 금액의 절반 정도를 점하고 있다. 도로 프로젝트는 총대출의 20.9%를 차지하고, 에너지 프로젝트는 17.2%를 점한다.[25)]

셋째, 환경보호 부문이다. 중국경제의 급속한 발전은 심각한 환경문제를 야기했다. 경제성장과 함께 어떻게 환경을 보호하고 자원을 절약할 것인가, 즉 어떻게 지속가능한 발전을 실현할 것인가라는 문제는 중요한 과제였다. 그래서 최근 몇 년 세계은행 등 다자 원조기구나 일본, 독일 등에 의한 양자 간 원조는 점점 환경보호, 관리 및 생태회복 부문 등에 기술 및 자금을 집중적으로 편성하고 있다. 예를 들어, 최근 몇 년 일본의 대중국 원조는 주로 대기오염관리, 서부지역 식수조림, 도시 쓰레기 처리프로젝트, 초지 생태환경 종합관리 및 물 환경관리 등 환경 관련 프로젝트에 집중되고 있다.[26)]

넷째, 새로운 기술과 관리개념의 도입이다. ODA는 중국의 발전을 지원하면서 신기술과 관리기법도 제공했다. 세계은행은 중국에 대출을 제공하면서 빈곤감소, 농업 발전, 환경보호 및 경제개혁에 공헌했다. 사실 ODA의 중국 GDP 내 비중은 0.25%에 미달했는데, 이는 원조의 역할이 자금을 해결하는 것보다는 기술, 관리개념 등의 방면에서 훨씬 유용하고 효과적으로 발휘되었다고 볼 수 있다.

---

25) 世界银行业务评价局, 『中国国别援助评价报告[R]』(北京, 2004), p. 22.

26) 姜少敏, 「发展援助与中国经济发展」, p. 17

4. 결론 및 대북한 함의

서방의 대중국 ODA는 개혁·개방 과정에서 서방의 발전경험을 중국에 제공하는 통로가 되었으며 세계화를 위한 초석을 쌓았다. 이는 계획경제의 부정적 유산을 극복하고 더욱 선진화된 중국시장을 형성하고 세계시장에 접근할 기회가 되었으며, 중국이 개혁·개방을 할 수 있는 추동력을 제공했다. 반면에 중국이라는 거대시장이 서방의 경제적 시장 확대가 필요한 시점에 출현함으로써 ODA가 서방과 중국의 상호이해에 부합하는 것이기도 했다.

중국의 경제개발과정에서 외국인 직접투자가 큰 비중을 차지했지만, 세계은행과 일본에 의한 개발원조는 자금 외에 선진적인 제도이식과 기술지원을 포함하면서 중국의 체제개혁과 대외개방에 중요한 역할을 수행한 것으로 평가될 수 있다.

그러나 중국의 개발전략에서 일부 선진국과 국제금융기구에 대한 의존성이 제한적이었던 사실을 감안하면, 전체적으로 경제발전과정에서 중국의 정책적 자율성이 상대적이지만 주도적으로 발휘된 측면도 있다.

중국의 개혁·개방 초기, ODA의 역할을 비롯한 국제사회의 대중국 지원 및 이를 통한 개혁·개방의 가속화 배경에는 냉전 시기 강력한 견제세력이었던 1970년 초 미국과의 관계 개선이 자리를 잡고 있다. 미중관계 정상화를 통해 중국은 1980년 5월 국제기구의 회원자격 취득을 위한 미국의 거부권 행사를 사전에 차단하고, 오히려 개혁·개방을 위한 강력한 지원 세력으로 미국을 활용했다. 국제금융기구는 재정적 능력에 따라 발언권이 배분되는데 미국이 최대 출자국으로서 가장 강력한 발언권을 행사한다.

상술한 중국의 경험이 북한에 주는 시사점을 생각해보는 것도 유의미

할 것이다. 이는 북한이 세계시장 진입 및 지원이 필요한 경우, 국제금융 기구의 최대 출자국인 미국과의 관계정상화가 전제되어야 함을 시사한 다. 북미관계 정상화는 북한체제의 개혁과 대외개방의 분기점이 될 것이 다. 그러나 정상화 과정에서 중국과 같은 대국의 경우는 미국이 소련 견 제라는 전략적 카드를 작동시키면서 성사가 되었다. 그러나 베트남 등과 같은 다소 규모가 작고 상대적으로 전략적 가치가 작은 국가들에 대해서 는 미국의 요구를 실행한 것을 확인하고 난 후 비로소 관계를 정상화하는 과정을 겪었다. 게다가 북미 간에는 대량살상무기, 북핵문제 등 난제들이 산적하여 양국관계 개선은 지난한 과정이 될 것을 예고한다.

한편 대미관계 개선이라는 국제정치적 복잡성에 앞서, 무엇보다 선제 적으로 요구되는 것은 북한의 개혁·개방에 대한 명확한 의지표명이다. 중 국은 최고 권력기관인 당대회를 통해 공식적으로 개혁·개방에 대한 의지 를 밝혔고, 최고 지도자인 덩샤오핑(鄧小平)의 선(先) 경제발전에 대한 확 고한 의지를 천명한 바 있다. 이는 대외적으로 강력한 메시지를 전달하며 국제사회의 지원과 지지를 견인하는 효과를 거두었다. 이는 북한이 명시 적으로 개혁·개방을 천명하고 최고 지도자의 강력한 의지가 뒷받침되어 야 해외로부터의 실질적 지원이 가시화될 수 있음을 보여준다.

2012~2013년은 동북아 각국의 권력구도에 일대 변화가 일어났으며, 미국의 아시아 회귀, 러시아의 신동방정책, 일본의 우경화, 해양 영토분 쟁 등 국제정치적 이슈가 분출한 해로 기록될 것이다. 한편, 권력변동기 를 지난 동북아 국가들은 향후 역내에 새로운 질서를 모색하는 가운데, 한반도에서도 북핵 및 북한문제에 대한 전향적 해법이 제기될 가능성이 있다. 이에 따라 북한에 대한 경제원조 및 개발협력의 문제도 함께 논의 될 수 있을 것이다. 이 시점에서 서방의 ODA 정책 및 이를 받아들인 중 국의 경험을 반추하는 것은 평화롭고 번영된 한반도와 동북아 질서 구상

에 유의미한 시사점을 줄 것으로 생각된다.

참고문헌

1. 국내문헌

김석진·김계환. 2007. 『산업부문 국제 개발지원 경험과 북한에 대한 시사점: 체제전
　　환국 사례를 중심으로』. 서울: 산업연구원.

김성철. 2001. 『국제금융기구와 사회주의 개혁·개방: 중국·베트남 경험이 북한에 주
　　는 함의』. 서울: 통일연구원.

김영진. 2011. 「사회주의 국가의 개혁·개방정책과 공적개발원조(ODA)의 역할: 중
　　국, 베트남 사례의 북한에 대한 시사점」. 서울: 경남대학교 대학원 박사학위
　　논문.

이금순 외. 2008. 『국제개발이론 현황』. 서울: 통일연구원.

임강택 외. 2008. 『국제사회의 개발지원 이론과 실제: 북한개발지원을 위한 모색』.
　　서울: 통일연구원.

최종영 외. 2011. 「글로벌 거버넌스의 변화와 한국의 외교전략」. 서울: 외교통상부
　　연구용역 결과보고서.

최봉대. 2009. 「북한 체제전환과 국제금융기구의 기술원조 방안: 중국·베트남 사례
　　에 비추어본 수용방식과 효과문제를 중심으로」. ≪현대북한연구≫, 제12권
　　제2호.

키에르, 안네 메테(Anne Mette Kjaer). 2004. 『거버넌스(governance)』. 이유진 옮김.
　　서울: 도서출판 오름.

2. 국외문헌

Kaheler, Miles and David A. Lake. "Globalization and Governmence." in Miles
　　and David A. Lake(eds.). *Governance in a Global Economy: Political Authority
　　in Transition*. Princeton University Press.

Nye, Joseph s. and John D. Donahue. 2000. *Governance in a Globalizing World*.
　　Washington, D.C.: Brookings Institution.

Pei, Minxin. 1996. "Microfoudations of State-Socialism and Patterns of Economic
　　Transformation." *Communist and Post-Communist Studies*. Vol. 29, No. 2.

姜少敏. 2009. 「发展援助与中国经济发展」. ≪教学与研究≫, 第5期. 北京.

世界银行. 2008a.『2008 世界发展指标』. 北京: 中国财政经济出版社.

_____. 2008b.『2008年世界发展报告』. 北京: 清华大学出版社.

世界银行业务评价局. 2004.『中国国别援助评价报告[R]』. 北京.

_____. 2005.『中国国别援助评价报告[R]』. 北京.

周永生. 2002.「官方发展援助的政策目标」.≪外交学院报≫, 第4期. 北京.

周弘·张浚·张敏. 2007.「外援与发展: 以中国的受援经验为例」.≪欧洲研究≫, 2期. 北京.

陈双飞. 2007.「发达国家对华经济援助状况探析」.≪华东师范大学≫. 硕士学位论文.

郝洁. 2006.「我国利用国际金融组织贷款的历程回顾」.≪山西财经大学学报≫, 第28卷. 山西.

胡鞍钢. 2005.「国际金融组织对华贷款的宏观经济评估(1981~2001年)」.≪开放导报≫, 第3期. 北京.

3. 기타자료
ODA Definition. http://www.oecd.org/dataoecd/21/21/34086975.pdf

World Bank. http://www.worldbank.org/oed

제3장
미얀마 군부정권의 월경 경제협력과 체제전환의 동학

최 봉 대

1. 서론

미얀마는 1962년에 군부가 쿠데타로 집권한 이후 2011년 초까지도 정권을 유지해온 나라이다. 비교정치 분야에서는 일반적으로 독재정권이나 권위주의정권의 한 하위 유형으로서 군부정권은 사인독재정권에 비해서는 정치적 안정이나 내구력 면에서 상대적으로 우위에 있지만, 일당정권보다는 더 취약한 것으로 간주되고 있다.[1] 이 점에서 50여 년 동안 집권해온 미얀마 군부정권은 예외적인 경우라고 볼 수도 있다. 그렇지만 네윈(Ne Win)과 탄 슈웨(Than Shwe)라는 군부의 두 실력자가 오랜 기간 일인자로 군림한 데에서 알 수 있는 것처럼 미얀마 군부정권은 사실상 '지도자가 제복을 입고 있는' 사인독재정권에 해당한다.[2]

---

1) Barbara Geddes, "What Do We Know about Democratization after Twenty Years?" *Annual Review of Political Science*, Vol. 2(1999) 참조.

2) '사인주의' 정권은 많은 경우 군부정권 내에서 경쟁적인 지도자들 사이에 권력투쟁을 거쳐서 형성된다. 같은 글, pp. 122~124. 이하에서는 미얀마와 관련해서

　네 윈 군부정권은 집권한 이래 '버마(미얀마)식 사회주의 노선' 추구를 내세웠지만, 계속해서 경제 관리에 실패한 결과 1988년에 전국적인 대중 시위에 직면하여 심각한 정치적 위기에 직면했다. 이에 군부 내 일부 분파들이 '쿠데타'를 일으켜 네 윈의 2선 퇴진을 유도하고, 대중봉기를 유혈 진압하면서 군부정권을 재조직했다. 그 이후 최근에 2010년 11월의 국민투표를 통해 선출된 의원들로 구성된 연방과 구역/주 양원제 의회가 2011년 3월에 개원하고, 군부 지도부의 전역 장성들이 요직을 차지한 정부가 구성되어 정권을 이양하기까지 군부는 강도 높은 정치적 탄압에 의거해서 대체로 정치적 안정을 유지한 채 지배해왔다. 이 과정에서 야당인 민주주의국민연맹(NLD)이 압도적인 우세를 보인 1990년 선거 결과를 부정한 이래 반정부 인사들, 활동가들, 대학생들의 장기간 투옥, 가택연금, 테러 등이 군부정권의 일상화된 사회 통제방식으로 제도화되다시피 했다. 이와 관련해서 군부로부터 정권을 이양받은 '반(半)민간'정권이 민주적 정치개혁을 본격적으로 추진하기 이전까지 미국과 EU는 경제제재와 금융제재 그리고 미얀마 여행 제한이나 무기수출 금지 조치를 단행하여 군부정권을 압박하면서 민주정부 수립과 군부의 병영 철수를 요구해왔다. 1980년대 말 이후 미얀마의 이런 국내정치적 상황을 고려하면 2011년 이후 미얀마의 체제전환 문제를 '정치적 민주화'나 자유주의적 민간정부의 수립이라는 맥락에서 우선적으로 논의하는 이유를 알 수 있다.

　그런데 경제적인 면에서 보면 군부정권은 1980년대 말에 네 윈 정권 시기의 사회주의 계획경제를 공식적으로 폐기하고, 시장경제의 전면적 도입과 외국자본의 적극적인 투자 유치와 같은 경제개혁·개방정책을 추진했다. 미국과 EU의 경제제재 때문에 이런 시장경제 전환정책은 1990

　'군부정권'을 '사인독재정권'과 같은 의미로 사용한다.

년대 중반에 사실상 무력화되었다. 그럼에도 타이를 비롯한 일부 아세안 회원국들의 지역주의적 이해관계와 미얀마의 추출자원과 에너지자원을 확보하려는 중국의 이해관계에 따른 경제적 관여에 힘입어 군부정권은 서구의 경제제재 효과를 상대적으로 무력화할 수 있었다. 또 중국, 타이 등과의 경제협력은 미국, EU, 일본의 ODA가 중단된 데 따른 외국자본 투자의 국내 경제적 공백을 부족하지만 그런대로 메꿔주었다.[3]

이 글은 1990년대 중반 이후 미얀마의 대중국 월경 경제협력(cross-border economic cooperation, 이하 월경경협으로 약술)이 2011년 이후 가시화된 미얀마의 체제전환(경제개혁·개방정책의 추진)에 어떤 영향을 미쳤는지를 검토하는 데 그 목적이 있다.[4] 사실 지역연구 전문가나 국내외 정치·사회단체들도 거의 예상하지 못했던 방식과 템포로 현재 진행되고 있는 미얀마의 '이중 이행'은 주된 추동요인이나 촉발요인이나 그 배경과 관련해서 제대로 규명된 게 별로 없다. 정세보고서나 학술적 분석이나 사정은 별반 다르지 않다. 최근 좀 더 엄밀한 연구들이 나오고는 있지만, 많은 논의가 향후 개혁 과제나 그와 연관된 시나리오 분석에 집중되어 있다. 체제전환의 원인 분석에 소극적인 이유는 규명해야 될 논점은 많지만 자료적으로 이를 뒷받침하기도 어렵고, 축적된 기존 연구가 많지 않아서 유용한 분석 틀을 설정해서 검토하기도 쉽지 않기 때문이다. 이 글의 작업도 이런 부담을 안고 있음을 먼저 밝혀둘 필요가 있다.[5]

---

3) 2000년대 후반까지도 미얀마의 주요 산업 부문들은 중국 등과의 합영기업들이나 국유기업들에 의해 지배되어왔다.

4) 이하에서 미얀마와 관련해서 '체제전환'이라는 용어는 대체로 경제개혁·개방정책과 관련된 의미로 한정해서 사용한다.

5) 미얀마 관련 기존연구들에서는 별로 다뤄진 적이 없는, 미얀마의 대중국 월경경협의 체제전환 유관효과 검토에 이 작업의 초점을 두는 이유는 북한의 대중국 월경

이런 문제의식을 염두에 두고서 이 작업을 위해 몇 가지 먼저 검토할 점들이 있다. 먼저 글로벌 거버넌스의 특수한 형태로서 미얀마-중국 간의 월경경협의 기본 특징을 살펴보고, 월경경협의 체제전환 촉진효과와 수용국 국가의 관계에 관한 일반론을 간략하게 검토한다. 이런 예비적 논의 위에서 '신가산제적 사인독재정권'으로서 미얀마 군부정권의 대중국 월경경협의 체제전환 유관효과를 검토한다. 미얀마 군부정권의 신가산제적 지배의 주요 특성들이 월경경협 성과(외부지대의 실현)와 군부정권의 권력 승계 제도화 및 체제전환과 어떻게 연관되어 있는지를 집중적으로 검토한다. 이와 관련해서 최근의 유관 연구 성과들을 간략하게 먼저 살펴볼 것이다.

2. 중국식 글로벌 거버넌스와 월경경협의 체제전환 효과

1) 중국식 글로벌 거버넌스의 미얀마 적용

글로벌 거버넌스 차원의 미얀마 경제체제 전환 문제를 다루는 기존 연구들은 대체로 미국이나 EU의 경제제재가 군부정권의 퇴장을 압박하는 데 효과가 별로 없다는 점을 입증하는 데 집중되어 있다.[6] 그런데 2000

경협이 북한 체제전환과 관련해서 줄 수 있는 시사점을 도출하기 위한 것이다.

6) 예컨대 미얀마에 대한 경제제재의 역효과로 민족주의적 반발이 초래되고, 농업, 어업, 의류산업, 관광업 등의 수입원 감소로 인해 경제적 하층가구의 생계가 타격을 받았지만 군부정권의 경제통제 타격 효과는 별로 크지 않았다는 점을 지적하는 Morten B. Pedersen, "Burma, the International Community, and Human Rights(with Particular Attention to the Role of Foreign Aid)," in Susan L.

년대에 들어서면서 신흥 경제대국들인 브릭스(BRICs)는 미국의 헤게모니 쇠락에 따른 상대적 공백을 메꾸면서 다극체제의 형성을 모색하고 있다. 1990년대를 지배했던 신자유주의적 정책 의제의 틀에 제약되어 있는 지구적 정치경제 질서의 재편과 글로벌 거버넌스의 정의 및 실천의 재고를 촉진한다는 점에서 체제전환국이나 저개발국에 대한 브릭스의 경제적 관여는 새로운 지구적 '행위자'들이 주도하는 글로벌 거버넌스의 한 방식이라고 볼 수 있다.[7]

특히 동아시아, 서아시아, 아프리카 나라들에 대한 중국의 경제적 관여는 '중국 주식회사'라고 표현할 수 있을 정도로 자국의 수요를 보장하기 위한 원유, 가스 등 에너지자원과 지하자원 확보라는 국가 전략적 이해관계를 바탕으로 '소프트 파워, 공적 외교, 직접투자, 사적 부문의 협력관계가 혼합'된 형태로 전개되고 있다.[8] 또 경제적 관여 대상국에 대한 '내정 불간섭' 정책을 표방하는 '중국식 경제발전 모형'(권위주의 정권에 의한 국가 주도[규제] 시장경제의 성공 사례)이 체제전환 저개발국들에 의해 적극적으로 수용되고 있다.[9] 이런 맥락에서 미얀마에 대한 중국의 월경경협도 글로벌 거버넌스의 대체적 방식으로서 어느 정도 체제전환 촉진효과를 가져올 것이라고 기대할 수도 있다. 그러나 비대칭적으로 우월한 경협관

Levenstein(ed.), *Finding Dollars, Sense, And Legitimacy In Burma*(Washington, D.C.: Woodrow Wilson International Center for Scholars, 2010) 참조.

7) Dirk Messner and John Humphrey, "China and India in the Global Governance Arena," *World Economics and Politics*, No. 6(http://www.die-gdi.de, 2006), pp. 1~4; Timothy M. Shaw et al., "Emerging Powers and Africa: Implications for/from Global Governance?" *Politikon: South African Journal of Political Studies*, Vol. 36 Issue 1(2009), pp. 27~29,

8) Timothy M. Shaw et al., 같은 글, pp. 32~35.

9) Dirk Messner and John Humphrey, 같은 글, p. 5

계상의 위치에 있으면서도 중국은 자국 이익의 극대화라는 관점에서 양 국관계의 점진적 조정과 더불어 미얀마 국내 정치의 현상유지를 선호하 고 있다. 중국의 경제적 지배력 확대를 두려워하는 미얀마 군부정권도 인 도, 타이 등 인접국들을 자국의 추출자원 개발이나 인프라 건설 등에 끌 어들여 중국의 영향력을 상쇄하려고 한다.[10]

이런 실태는 서구 주도의 글로벌 거버넌스의 대체적 방식으로서 미얀 마와 중국 간 월경경협은 미국과 EU의 경제·금융제재를 배경으로 글로 벌 거버넌스 차원에서 이루어지는 중국의 대미얀마 경제적 관여의 특수 한 방식이라는 점을 보여준다.[11]

2) 월경경협 수용국과 체제전환 유관효과 산출

일반적으로 월경경협은 국경을 접하고 있는 나라들 간에 접경지역을 중심으로 이루어지는 상호연계된 경제활동을 의미한다. 경협 당사국들 간의 공식·비공식 무역, 접경지역 경제특구 설치와 이주 노동력의 활용, 또는 특정 산업 부문이나 도로·항만·운송·통신시설 등 인프라에 대한 자본 투자 등이 이에 해당한다.

저개발국이나 비체제전환국과 연계된 월경경협이 해당국의 체제전환 에 미칠 수 있는 효과와 관련해서 두 가지 상반된 논의가 있다. 한 가지는

---

10) International Crisis Groups, "China's Myanmar Dilemma," *Asia Report* N°*177*(14 September 2009), pp. 27~28. 중국과 미얀마 간의 전반적인 무역·투자와 관련 된 개괄적 파악은 이선진, 「중국의 대미얀마 전략」, ≪JPI 정책포럼≫, No. 2010-26(2010) 참조.

11) 2011년에 출범한 반민간정부가 정치·경제개혁정책들을 추진해나가면서 미국과 EU의 제재는 거의 다 해제되었다.

월경경협이 전일적인 경제적 지구화의 압력하에서 '경제 자유화'나 '국가의 시장 규제 완화'를 유도해서 해당국의 시장경제 전환과 정치적 민주화를 촉진하는 효과를 산출하는 경향이 있다고 보는 것이다. 신자유주의적 관점에서 이런 평가가 좀 더 두드러진다. 메콩강 유역 개발 프로젝트나 두만강 유역 개발 프로젝트와 같이 다자간 협력체제에 기반한 글로벌 거버넌스 차원의 월경경협은 해당국의 체제전환 촉진효과와 지역 차원의 경제적 통합효과를 산출한다고 본다.[12] 다른 한 가지는 이와 달리 월경경협이 해당국의 외부지대를 실현시켜주는 기제로 작동하는 경우, 해당국은 외부지대를 생산적인 투자가 아닌 정권 유지를 위한 비생산적인 소모성 자금으로 지출하기 때문에 체제전환을 억제하거나 지연시키는 효과를 산출한다고 보는 것이다. 이런 평가는 대체로 이른바 '지대수취 국가'론과 '자원의 저주' 가설과 연결되어 있는데, 여기서 외부지대의 실현을 매개하는 요인들로는 해당 나라의 지정학적(군사전략적) 가치, 풍부한 추출자원이나 에너지자원의 보유 등이 거론된다.[13]

그런데 이 두 가지 논의의 설명 방식에는 문제가 있다. 전자의 경우 월경경협을 통한 해당국의 (토착) '시장세력' 강화라는 글로벌 거버넌스의 외삽적 효과를 일방적으로 강조함으로써 해당국 국가를 시장경제 확대를

---

12) 이런 부류의 논의의 한 사례로 Suiwah Leung et al.(eds.), *Globalization and Development in the Mekong Economies*(Cheltenham, UK: Edward Elgar, 2010) 참조. 그런데 '메콩강 유역 경제권역'을 다룬 이 사례 연구에서도 미얀마는 월경경협의 긍정적 효과 산출에 반하는 예외적인 경우로 간주한다.

13) 중동-북아프리카(Middle East and North Africa: MENA) 지역이나 동남아 지역 나라들에 대한 이런 부류의 연구도 매우 많다. 미얀마와 관련된 최근의 한 연구로 David Pick and Htwe Htwe Thein, "Development failure and the resource curse: the case of Myanmar," *International Journal of Sociology and Social Policy*, vol. 30. no. 5/6(2010) 참조.

매개하는 도구적 장치로서 파악하는 경향이 있다. 반면에 후자의 경우 지대수취적 국가의 대내외적 자율성을 과도하게 상정하고, 지대수취 및 (재)분배를 둘러싼 지배엘리트 내의 분파적 이해갈등이나 국가-사회 간 세력관계의 동태적 변화 등을 간과하는 정태적인 관점을 노정하는 경향이 있다.14) 이런 논의들에서는 단선적이거나 사후 분석적인 설명을 넘어서 경협 제공국이나 외국자본의 이해관계와 정권 생존이나 경제발전을 우선적 목표로 한 경협 수용국 국가 간의 상호작용을 통해 산출되는 월경경협의 체제전환 유관효과를 파악하기가 곤란하다. 그러므로 글로벌 거버넌스 차원의 월경경협의 체제전환 유관효과를 파악하기 위해서는 경제중심적인 '시장 근본주의' 시각이나 국가중심적인 '정치적 자원주의' 시각을 벗어나서 경협 수용국의 국가(와 사회의 관계)를 분석의 중심고리로 설정해야 할 필요가 있다. 미얀마의 월경경협도 군부정권 지도부(이너서클에 속하는 소수의 군부 실력자들)가 중국과의 월경경협을 통해 실현되는 외부지대를 정권의 안정적 재생산을 위한 다중적 후견관계망의 물적 토대를 구축하는 데 사용하는 방식을 중심에 두고서 체제전환 유관효과 산출 문제를 검토해야 함을 알 수 있다. 이를 위해서 여기서는 미얀마 군부정권의 신가산제적 지배양식과 연계된 외부지대의 재분배 효과를 중심으로 이 문제를 살펴본다.

---

14) 미얀마의 경우를 보면 이런 점을 잘 알 수 있다. 2000년대 이후 미얀마는 대중국 월경경협을 대폭 확대해왔지만, 최근에 반민간정권이 수립되기 전까지 군부정권은 시장지향적인 경제정책이 아닌 사경제와 시장을 통제하는 정책을 실시해왔다. 반면에 특히 2000년대 중반 이후 미얀마는 가스 등의 중국 수출에 외화 수입의 대부분을 의존하는 '지대수취 국가'에 해당하지만, 군부정권은 예상 밖으로 '자발적으로' 시장경제개혁·개방정책과 '민주적인' 정치개혁을 추진하는 '이중이행' 과정에 있다.

3. 군부정권과 신가산제적 지배양식의 특성

미얀마 군부정권의 대중국 월경경협의 체제전환 유관효과를 군부정권의 신가산제적 지배와의 연관성 속에서 검토하기 위해서는, 먼저 신가산제적 지배양식의 주요 특성들이 미얀마 군부정권에서 어떤 식으로 나타나고 있는지를 파악해야 한다. 여기서는 이 점을 검토한다. 이와 더불어 신가산제적 지배와 권력승계의 제도화 간의 일반론적 관계가 미얀마 군부정권에서 어떤 식으로 나타나고 있는지도 검토한다. 왜냐하면 미얀마 군부정권의 체제전환은 정치·경제개혁을 수반하는 '이중 이행'이 군부정권의 권력승계 제도화와 맞물려서 진행되고 있기 때문이다. 소수이긴 하지만 최근의 연구들도 이 문제를 검토하고 있다. 이 글에서 보고자 하는 신가산제적 지배양식과의 관련성은 고려하고 있지 않지만, 이 연구들에서 얻을 수 있는 유용한 시사점이 있다. 따라서 이 연구 성과들을 간략하게 먼저 살펴본다.

1) 미얀마의 체제전환 추동요인과 최근 연구 성과들의 시사점

군부정권의 권력승계와 체제전환의 추동요인을 검토하는 최근의 연구들은 강조점을 두는 분석 수준에 따라 세 가지로 구분할 수 있다. 먼저 행위주체 중심적 관점에서 군부를 지배해온 탄 슈웨와 그 직계세력에 의한 자파의 기득이권 보장이 권력승계의 제도화와 정치개혁의 주된 이유라고 해석하는 관점이 있다.[15] 이 관점은 독재자가 재량적 권력을 사용하여 권

---

15) Mary Callahan, "The Generals Loosen Their Grip," *Journal of Democracy*, Volume 23, Number 4(2012), pp. 120~122 참조. 그렇지만 이 글에서는 이 점을 매우 간략하게 언급하고 있을 뿐 구체적인 분석은 없다.

력승계 문제를 적극적으로 대처했다는 것을 시사한다. 그렇지만 군부정권 시기 경제적 지배세력의 형성과 변형문제가 체제전환에 미친 영향을 고려하지 않음으로써 독재자의 체제전환 주도 역량의 자율성을 과도하게 상정하고 있다.

이와 달리 사회구조적 요인을 강조하는 관점에 의하면 월경경협을 통한 자원지대 수취경제의 성장은 군부-정실자본가-외국자본에 의한 일종의 '국가 조정(state-mediated) 자본주의' 발전을 지향하는 '자본연합' 집단의 형성을 가져왔다. 이 집단은 군부정권의 핵심 지지기반이자 군부정권 지도부와 부분적으로 중첩되기 때문에 정권 내부에서 체제전환의 추동력이 형성되었을 것이라고 본다.[16] 이 관점은 외부지대 실현에 물적 토대를 두고 있는 군부정권의 군부-자본가 지배연합의 계급이익이 사회구조적 수준에서 체제전환 촉진요인으로 작용하고 있다는 점을 보여준다. 그렇지만 이 관점에서는 왜 특정한 시점에 권력승계 형태로 체제전환이 이루어졌는지를 설명하기가 곤란하다. 위의 행위주체 중심적 관점과 달리 사인독재정권의 지배자가 위로부터의 체제전환에 영향을 미칠 수 있다는 점을 고려할 수 없기 때문이다.

이 두 관점과 조금 다르게 국가제도로서 군부의 자기이익 추구전략이 개혁의 추동력이라고 보는 관점도 있다. 강력한 군부정권이 정치적 반대세력이 취약함에도 하향식 개혁을 주도하면서 자발적으로 자신의 기득이권을 침식할 수 있는 정치적 역할의 축소에 나서는 ('게임 규칙'을 바꾸는)

---

16) Lee Jones, "The Political Economy of Myanmar's Transition," *Journal of Contemporary Asia*, DOI:10.1080/00472336.2013.764143(2013); Lee Jones, "Explaining Myanmar's Democratisation: The Periphery is Central," Paper presented at workshop on 'Challenging Inequalities: Contestation and Regime Change in East and Southeast Asia'(Murdoch University, 2013) 참조.

이유를 그 외에 달리 설명하기가 곤란하다는 것이다. 예컨대 행위자 중심적인 게임이론 틀 안에서 엘리트의 합리적인 이해관계 추구에만 초점을 맞출 경우 군부정권의 체제전환 추동력을 제대로 설명할 수 없다고 본다. 이 지적은 부분적으로 타당하지만 위의 두 관점과 관련해서 제기되는 논점들을 제도로서 군부의 '관리된 이행' 전략의 틀 안에서 제대로 설명하기가 곤란하다.[17]

아래에서는 이런 시사점을 염두에 두고 미얀마 군부정권의 신가산제적 지배의 주요 특성들에 의해 월경경협을 통한 외부지대 실현문제가 권력승계 제도화와 체제전환에 어떻게 영향을 미쳤는지를 살펴볼 것이다.

2) 신가산제적 지배양식과 미얀마 군부정권의 특성

독재정권의 지배양식으로서 신가산제는 전통적인 가산제적 지배와 근대 관료제의 합법적·합리적 지배가 결합되어 있다는 점에 기본 특징이 있다. 이와 연관된 신가산제적 지배의 주요 특성으로 지배자에 의한 권력 집중, 비공식적인 후견관계망, 공적 업무 수행과 사사(私事) 영역 간의 구분 모호성을 들 수 있다.[18] 미얀마 군부정권에서도 이런 특성들을 찾아볼

---

17) Roger Lee Huang, "Re-thinking Myanmar's political regime: military rule in Myanmar and implications for current reforms," *Contemporary Politics*, Volume 19, Issue 3(2013) 참조.

18) 최봉대, 「북한의 지역경제협력 접근방식의 특징: 신가산제적 사인독재정권의 '혁명자금 관리제도'와 대외경제협력의 제약」, ≪현대북한연구≫, 14권 1호 (2011), 204~210쪽; Christian Von Soest, "Persistence and Change of Neo-patrimonialism in Africa, Latin America, Southeast Asia," Paper to be presented at the workshop 'Neopatrimonialism in Various World Regions' (http://www.giga-hamburg.de, 2010) 참조. 지배양식으로서 신가산제의 이런

수 있다.[19)]

특성이 포괄적인 기술적 규정에 그치지 않고 다른 유사한 개념들과 차별화될 수 있는 유용한 분석적 설명을 제공해줄 수 있는지를 검토하는 것이 중요하다. Robin Theobald, "So what really is the problem about corruption?" *Third World Quarterly*, Vol. 20 Issue 3(1999); Zubairu Wai, "Neo-patrimonialism and the discourse of state failure in Africa," *Review of African Political Economy*, vol. 39, no. 131(2012) 참조. 이와 관련해서 연구주제에 따라서는 예컨대 사적 후견제(clientelism), 연고주의, 부패와 같은 다른 요인들을 '공통된 분석적 초점 하에 통합하고 조직하기 위해' 신가산제 개념을 사용하는 것이 좀 더 합리적일 수 있다는 지적을 참고할 수 있다. Karsten Bechle, "Neopatrimonialism in Latin America: Prospects and Promises of a Neglected Concept," *GIGA Working Paper*, No. 153(2010), p. 14 참조. 이 글에서는 신가산제적 지배 개념 이 저개발국이나 체제전환국 독재정권의 체제전환(민주적 정치개혁보다 시장경 제개혁에 더 초점을 맞추는)의 국내적 추동요인을 규명하기 위해 '제도적으로 별로 제약받지 않는 독재자의 재량적 권력행사', 국가-사회에 걸쳐 작동하는 후견 관계망과 그 물적 토대로 작용하는 월경경협에 의해 실현되는 외부지대의 재분배와 경제적 효과를 사인독재체제의 권력승계 제도화 문제와 연결해서 통합적으로 검토하는 데 유용하다고 본다. 이와 달리 연구의 문제의식에 따라서는 '국가'나 '정권'의 한 유형을 지칭하는 개념으로 사용할 수도 있다. 가령 신가산제의 개념적 유용성을 제고하기 위한 방편으로, 본문에서 언급하는 신가산제 지배양식의 세 가지 특징을 정권 수준의 한 유형으로서 '사인지배'의 특성들로 규정하는 입장도 있다. Farid Guliyev, "Personal rule, neopatrimonialism, and regime typologies: integrating Dahlian and Weberian approaches to regime studies," *Democratization*, Volume 18, Issue 3(2011) 참조. 최근 논의들에서 신가산제적 지배는 모든 정치체제에서 나타나는 특징이고, 신가산제의 규정적 특성은 '원칙이 아닌 정도의 문제'라는 점, 그리고 아프리카 지역에 집중된 연구의 탓이겠지만, 신가산제를 약탈적이고 반(反)발전적인 형태의 권력과 '규범적으로' 등치시키는 관점은 적합하지 않다는 점을 지적하기도 한다. 이 글도 이런 지적에 동의한다. Christian Von Soest et al., "How Neopatrimonialism Affects Tax Administration: a comparative study of three world regions," *Third World Quarterly*, Volume 32, Issue 7(2011), p. 1309 참조.

첫째, 독재자(또는 거물급 실력자)에게 권력이 고도로 집중되는 사인지배(사인주의 지배)가 나타난다는 점이다. 독재자는 국가 정책결정 과정에서 책임성이 면제된 상당한 재량권을 행사한다. 따라서 중요한 국가정책들은 정권 최상층부에서 논의되기도 하지만, 최종적인 결정은 독재자에 의해 비공식적으로 이루어진다.

미얀마 군부정권의 지배자인 탄 슈웨에게서도 이런 사인지배를 찾아볼 수 있다. 우선 그는 공식적으로는 정권의 최종적인 의사결정권자는 아니었지만, 아웅 산 수치(Aung San Suu Kyi)나 정권 이양과 관련된 사안 같은 중요한 문제들은 반드시 그의 승인을 받아 처리해야만 했다.[20] 또 군부와 정부의 장성이나 관료들 다수는 개인적으로 개혁을 지지하고 있었지만 탄 슈웨의 강경노선을 의식하여 공식적으로 세 가지 'm 규칙'을 고수했다. 이 규칙의 내용은 '탄 슈웨를 자극할 어떤 행위도 하지 않을 것, 탄 슈웨의 명령을 그대로 실행해서 문제가 생기지 않도록 할 것, 그렇게 해서 직장을 잃지 않도록 할 것'이었는데, 이는 그가 어느 정도 독단적으로 통치했는지를 보여준다.[21] 그렇지만 독재자로서 탄 슈웨의 정치적 위

---

19) 신가산제라는 용어를 사용하고 있지는 않지만, 네 윈 이후 군부정권의 정치적 특성을 전통적인 불교문화를 배경으로 한 '사인지배', '후견제', '측근(entourage) 정치', 그리고 영합게임적 권력관으로 규정하고 있는 논의로 David I. Steinberg, *Burma/Myanmar: What Everyone Needs to Know*(New York: Oxford University Press, 2010), ch. 7 참조.

20) Benedict Rogers and Jeremy Woodrum, *Than Shwe: Unmasking Burma's Tyran* (Chiang Mai, Thailand: Silkworm Books, 2010), p. 291 참조.

21) 2000년대 이후 비공식적으로 군부 장성들 90%가 탄 슈웨의 노선에 불만을 갖고 있었지만 그에게 철저히 '추종'했다. Benedict Rogers and Jeremy Woodrum, 같은 책, p. 264. 심지어 네 윈 정권에서는 장교들 사이에는 자신의 상관이 독재자의 신임을 잃거나 징계를 받는 경우에 해당 비위사실('유죄') 관련 자료를 보관해서 검토할 정도였다고 한다. 독재자의 처벌기준이 모호하기 때문에 본인이 희

상을 가장 잘 보여주는 것은 정권 이양과 관련된 선거일이나 '신정부'(반
민간정권)에 참여할 관리들의 선정 작업을 그가 독자적으로 처리했다는
점이다.[22] 그는 포스트군부정권의 권력구조를 직접 설계한 셈이다.

둘째, 독재자와 측근들 간에는 비공식적 후견관계가 존재하고, 독재자
는 측근들에게 특혜적인 물질적 보상을 제공하고 이들의 충성을 유도한
다는 점이다. 독재자 권력의 재량적 행사는 이런 후견관계에 의해 보장된
다는 점에서 이는 지배자의 통치가 구체적으로 작동하는 기반이 되는 권
력 인프라에 해당한다.[23] 왜냐하면 독재자의 측근들은 그들이 보유한 권
한과 자원을 이용해서 각기 자기 지지자들을 비공식적 후견관계망에 끌
어들여 독재자에게 위계적으로 연결시켜주는 '승수효과'를 만들어내고,
이런 '다중적' 후견관계망이 국가와 사회를 관통해서 작동하기 때문이
다.[24]

미얀마의 경우 이런 비공식적 후견관계는 독재자와 군부의 고급장교
들 간에 매우 강력하게 작용하고 있다. 군 장교들은 네 윈 정권 시기에 이

생되지 않기 위해서는 처벌받은 이유를 알아야 했기 때문이었다. 이런 관행은 군
대 조직문화로 발전했는데, 탄 슈웨 군부정권에서도 그 유제가 남아 있었다.
Kyaw Yin Hlaing, "Setting the rules for survival: why the Burmese military
regime survives in an age of democratization," *Pacific Review*, Vol. 22, Issue
3(2009), p. 277, pp. 287~288 참조.

22) Kyaw Yin Hlaing, "Understanding Recent Political Changes in Myanmar,"
Contemporary Southeast Asia, vol. 34, no. 2(2012), pp. 201~204 참조.

23) Farid Guliyev, "Personal rule, neopatrimonialism, and regime typologies: inte-
grating Dahlian and Weberian approaches to regime studies," p. 581 참조.

24) H. E. Chehabi and Juan J. Linz, "A Theory of Sultanism 1: A Type of Non-
democratic Rule," in H. E. Chehabi and J. Linz(eds.), *Sultanistic Regimes*
(Baltimore: Johns Hopkins University Press, 1998), p. 20; Farid Guliyev, 같
은 글, p. 585 참조.

미 전용 특수백화점을 이용했을 정도로 물질적 특혜를 받았다. 군부 상층부, 특히 장성들은 '특권적인 상층계급'을 형성하고 있는데, 군부의 독자적인 예산체계에 기반을 두어서 소비재 상품, 의료, 교육에 이르기까지 모든 면에서 특혜적 접근을 보장받고 있다. 반면에 '과오'를 범한 장교는 강제전역되고, 국가가 제공하는 모든 물질적 혜택에서 제외되었다. 심지어 경제위기를 겪는 중에도 군부정권은 전역한 고급장교들을 포함한 군부 핵심집단의 복지에 더 관심을 보여줌으로써 '군대조직에 충성하기 때문에 생활에 더 여유가 있다'는 점을 확신시켜주었다.[25]

반민간정권의 여당 격인 연방단결발전당(the Union Solidarity and Development Party: USDP)은 군부정권 시기 관변 대중단체인 연방단결발전연합회(the Union Solidarity and Development Association: USDA)의 후신인데, 이 단체는 '관변 사회복지조직'을 표방하지만 실제로는 비정부 NGO들을 흡수하고, 관제 대중운동을 조직하고, 반정부집단에 대한 폭력적 공격을 일삼았다. USDA 시절 이 단체는 활동비 중 일부를 '국가 특별자금'에서 보조받고, 일부는 자연자원 사업면허 발급업무 같은 지역사업을 주관하고, 많은 지방기업들을 운영해서 얻는 수입금으로 마련했다.[26] 단체

---

25) Kyaw Yin Hlaing, "Setting the rules for survival: why the Burmese military regime survives in an age of democratization," p. 283, pp. 286~287; Timo Kivimaki and Morten Pedersen, "Burma: Mapping the Challenges and Opportunities for Dialogue and Reconciliation"(A Report by Crisis Management Initiative and Martti Ahtsaari Rapid Reaction Facility, 2008), p. 51 참조.

26) 1993년에 조직된 USDA는 군부정권의 중요한 권력기반으로 마오의 홍위병 조직과 유사한 민병대조직이다. 회원 수가 2,400만 명에 이를 정도로 방대한 조직이지만 회원들 대다수가 강제로 가입한 것으로 알려졌다. Benedict Rogers and Jeremy Woodrum, *Than Shwe: Unmasking Burma's Tyran*, pp. 273~276. USDP 당수는 현 대통령인 떼인 세인 (Thein Sein)이 맡고 있는데, 대중정당으로

의 모든 자산과 업무를 이관받은 USDP도 동일한 방식으로 작동한다. 따라서 이 단체는 독자적인 후견관계망을 가동할 수 있는 물적 토대를 갖고 있다는 점에서 군부정권에 연결되어 있는 다중적 후견관계망의 한 형태라고 볼 수 있다.[27]

셋째, 국가영역 전반에 걸쳐 공적 업무 수행과 사사(私事) 영역 간의 구분이 모호해지는 점이다. 이는 비공식적인 후견관계망이 국가와 사회에 편재하는 데 따른 결과로서 독재자나 정권 상층부에 의한 국가기구의 '사유화'와 국가자원의 '특수주의적 사용'이 일반화된다. 그리고 그 근저에는 지대추구 행태가 놓여 있다. 또 이는 중·상급 관료들에 의한 국가자원 절취를 통한 개인적 축재와 '관료 부패' 현상의 만연으로도 나타난다.

미얀마 군부정권은 2010년 연방·지방의원 선거에서 전국적으로 각급 행정기관 공무원들에게 USDP에 투표할 것을 지시했고, 국가평화발전평의회(the State Peace and Development Council: SPDC)의 구역/마을 간부들을 USDP 지지 선거운동에 직접적으로 동원하기까지 했다. 군부정권은 이처럼 국가기구를 사유화했을 뿐만 아니라, 매표공작의 일환으로 USDP가 국가기구를 동원하고 국가예산을 '특수주의적' 용도로 사용하도록 조장했다. 미얀마 정당법에 국가의 직간접적 지원을 받는 단체는 정당 등록이 금지되어 있지만, USDP의 지역 입후보자는 해당 지역주민들의 3/4 이상이 USDP에 입당하고, USDP에 투표할 것을 서약하면 SPDC 지부

전환한 뒤에도 USDA는 2010년 선거에 대비해서 범죄자들을 당원으로 충원해서 군사훈련을 시키기도 했다. Network for Democracy and Development, "Burma: A Violent Past to a Brutal Future"(http://burmacampaign.org.uk, 2010), pp. 41~42. USDA와 USDP의 조직 발전사 및 활동에 관해서는 Network for Democracy and Development, 같은 글 참조.

27) Lee Jones, "The Political Economy of Myanmar's Transition," p. 21 참조.

를 내세워 국가예산으로 지역도로를 건설해주기도 했다.[28] 군부정권 실력자들의 경우에도 신가산제적 지배의 이런 특성은 어렵지 않게 찾아볼 수 있다. 1990년대 중반에 국가법질서회복평의회(SLORC) 장관직을 수행한 많은 장성들은 중앙정부 기관들을 개인회사처럼 운영했는데, 탄 슈웨가 군대 기강 확립을 위해서 이들을 해임해야 했을 정도로 매우 부패했다.[29]

이상의 검토에 비춰보면 미얀마 군부정권의 신가산제적 사인지배를 지탱해주는 핵심적 요인은 국가와 사회를 관통하는 후견관계망의 작동이라는 점을 알 수 있다.[30]

3) 군부정권의 사인독재와 권력승계의 제도화

후견관계망 문제와 더불어 신가산제적 사인독재정권의 체제전환에 영향을 줄 수 있는 다른 주된 요인 한 가지는 권력승계의 제도화 문제이다. 독재정권 일반에 특징적인 이 요인은 신가산제 정권에서도 제도화 여부에 따라 기존 지배질서의 변형을 초래할 수 있다. 따라서 미얀마 군부정권에서 이 문제가 어떤 의미를 지닐 수 있는지를 살펴볼 필요가 있다.

---

28) Network for Democracy and Development, "Burma: A Violent Past to a Brutal Future," pp. 43~44 참조.

29) Kyaw Yin Hlaing,"Setting the rules for survival: why the Burmese military regime survives in an age of democratization," p. 279.

30) MENA 지역과 중미 지역 일부 나라들의 사례 연구를 통해 이 점을 강조하고 있는 Richard Snyder, "Explaining Transitions from Neopatrimonial Dictatorships," *Comparative Politics*, Vol. 24, No. 4(1992); Jason Brownlee, "…And Yet They Persist: Explaining Survival and Transition in Neopatrimonial Regimes," *Studies in Comparative International Development*, Vol. 37 Issue 3(2002)도 참조.

사인독재정권에서 대체로 결여되어 있는 권력승계의 제도적 장치는 독재자에게 권력이 집중되어 있는 지배구조에서 비롯된다. 독재자는 대체로 정치적 경쟁자들과의 권력투쟁을 거쳐 일인 지배체제를 구축하기 때문에 권력 분산에 대한 우려나 자신의 잠재적인 정치적 경쟁자들이나 측근들에 의한 권력 탈취 가능성에 대한 불안 때문에 권력승계 장치를 제도화하지 않는다. 그 대신에 그는 이들을 상호견제하게 하고 상대적 세력 균형을 유지하도록 하는 분할지배전략을 사용한다. 또 능력보다는 충성심을 기준으로 측근으로 선발하거나 군부 내 요직에 발탁하여 쿠데타 가능성을 낮추려고 한다.[31] 따라서 신가산제적 사인지배에서는 독재자가 지배하는 동안에는 권력이 집중되어 있기 때문에 잠재적 경쟁자들의 파벌적 갈등은 억제되고, 정치적 안정이 유지될 수 있다. 그러나 후계 세습의 제도화와 같은 합의된 권력승계 절차가 지배 엘리트 내부에 없을 경우, 지도부 세대교체나 독재자의 권력승계 국면에서 사인독재정권은 억눌렸던 분파적 권력투쟁의 가시화로 인해 정치적 위기에 직면할 수도 있다.[32]

미얀마 군부정권에서도 이런 사인독재의 지배동학을 대체로 확인할 수 있다. 그렇지만 정권 이양을 위한 로드맵을 제시해서 권력승계의 제도화 토대를 마련했다는 점에서 중요한 차이가 있다. 먼저 탄 슈웨의 사인독재정권의 성립과 공고화 과정을 간략하게 살펴볼 수 있다.

미얀마에서 군부 내의 독재자('일인자')에게 권력이 집중되는 과정은 2, 3인자 등 이너서클 실력자들에 대한 지속적인 숙청이나 무력화를 통해

---

31) Georgy Egorov and Konstantin Sonin, "Dictators and their Viziers: Endogenizing the Loyalty-Competence Trade-off," Journal of the European Economic Association, Volume 9, Issue 5(2011), pp. 906~909; Barbara Geddes, "What Do We Know about Democratization after Twenty Years?" p. 132 참조.

32) Barbara Geddis, 같은 글, p. 122, 130 참조.

이루어졌다. 2011년에 전역할 때까지 군 총사령관 겸 SPDC 의장을 지낸 탄 슈웨는 네 윈과 동일한 방식으로 군부 일인자의 자리를 유지했다.[33] 1988년에 군부 내 쿠데타를 통해 집권한 일부 분파들은 네 윈을 사임시키고, 고위 장성 10인으로 구성된 국가법질서회복평의회(the State Law and Order Restoration Council: SLORC, SPDC의 전신)를 조직했다. 1990년의 선거 대응방식을 둘러싸고 군부 지도부 내 갈등이 발생하자 SLORC 부의장(군 부사령관) 탄 슈웨는 SLORC 제1서기 킨 늉(Khin Nyunt)과 제2서기 등과 연합해서 의장인 쏘 마웅(Saw Maung)을 제거하고, 총사령관과 의장직을 차지했다. 그 후 탄 슈웨는 자신의 군 선배인 장관들이나 관료들을 부패 혐의로 해임하고, 2000년대 초까지도 거물급 지방군 사령관들을 전역시켜 정부 장관에 임명하고 지방군 편제를 개편하는 등 쿠데타 가능성을 제거하는 데 많은 노력을 기울였다. 또 탄 슈웨는 2인자 마웅 에(Maung Aye)와 3인자 킨 늉의 상호견제를 유도하는 한편 이들을 견제하기 위해 합동참모부를 신설하여 측근인 슈웨 만(Shwe Mann)을 합동참모부장(군부 내 서열 4위 자리)에 임명했다. 군 정보부를 책임지고 있는 킨 늉 분파가 그들 자신을 포함해서 자파에 속한 장성들의 비위 관련 정보까지 수집하자 2004년에 탄 슈웨와 마웅 에는 연합해서 킨 늉 분파를 제거하고 군 정보부를 해체했다.[34] 이 숙청 사건을 계기로 탄 슈웨는 사실상 군

---

33) 1962년에 권력을 장악한 네 윈은 1963년에 2, 3인자에 해당하는 거물급 지방군 사령관들을 제거했고, 일당 지배체제로 전환한 뒤인 1976년에도 2인자에 해당하는 국가평의회 부의장을 숙청했다. 군 정보부의 권력이 비대해지자 1983년에 국가자금 유용과 부패 혐의를 씌워 군 정보부장을 숙청하고, 정보부 조직과 업무를 축소했다. 네 윈은 이처럼 고위급 장성들과 그 직계세력을 제거할 때마다 후임에 자신의 심복들을 승진시켜 배치했다. Win Min, "Looking inside the Burmese Military," *Asian Survey*, Vol. 48, Iss. 6(2008). pp. 1021~1023 참조.

34) 킨 늉이 자파세력의 확장 기반으로 군 정보부 조직을 이용한 것처럼 탄 슈웨나 마

부를 지배하는 일인자가 되었고, 2인자인 마웅 에 분파를 무력화했다.[35)]
그는 일인 지배체제를 공고히 한 뒤에도 쿠데타 가능성을 제거하기 위해
국방부 상급 직위들에 자신이 직접 지명한 '저돌적인 충성분자들'을 임
명했다. 또 정부 요직에 현역 장성들을 임명할 때에도 자신에게 위협이
될 수 있는 유력한 장성들 대신에 행정경력이 일천한 고급장교나 장성을
임명했다.[36)]

　이처럼 강력한 사인독재체제를 구축해놓고서 탄 슈웨는 킨 늉이 (자신
과 협의하에) 2003년에 입안한 '규율 있는 민주주의(disciplined democracy)'

웅 에는 실질적인 대규모 병력 동원 권한을 가진 지방군 사령관에 자파 세력을 충
　원하기 위해 치열하게 경쟁했다.

35) Win Min, 같은 글. pp. 1024~1030; Kyaw Yin Hlaing, "Understanding
　Recent Political Changes in Myanmar," p. 200 참조. 킨 늉의 숙청과 관련해서
　는 IISS, "Leadership change in Myanmar: A 'moderate' is purged," Strategic
　Comments, Volume 10, Issue 9 (2004), pp. 1~2; Kyaw Yin Hlaing, "Setting
　the rules for survival: why the Burmese military regime survives in an age of
　democratization," pp. 278~283도 참조. 탄 슈웨는 '모든 카드를 가지고 있었기
　때문에 그가 원하면 언제든지 경쟁자들을 제거할 수 있는 조치를 취할 수 있었던
　점'에 비춰볼 때 군부 내 2인자로서 마웅 에의 위상은 과대평가되었다는 점을 지
　적하는 Benedict Rogers and Jeremy Woodrum, Than Shwe: Unmasking
　Burma's Tyran, p. 269도 참조. 이런 지배양식의 권력구조적 변화를 '경쟁적'/
　'독점적' 후견제로 파악하는 견해로는 장준영, 「미얀마 군 수뇌부의 경쟁과 갈
　등: 후견-수혜관계의 변화」, ≪동남아시아연구≫, 19권 3호(2009), 196~210
　쪽 참조.
36) Timo Kivimaki and Morten Pedersen, "Burma: Mapping the Challenges and
　Opportunities for Dialogue and Reconciliation", p. 97; Kyaw Yin Hlaing,
　"Setting the rules for survival: why the Burmese military regime survives in an
　age of democratization," p. 288; Benedict Rogers and Jeremy Woodrum,
　Than Shwe: Unmasking Burma's Tyran p. 260 참조.

로의 이행을 위한 정치발전 7단계 로드맵을 단계적으로 추진하기 시작했다. 그는 헌법 초안 작성을 위한 국민회의를 재소집하는 1단계부터 시작해서 2008년에 초안을 완성하여 국민투표를 거쳐 통과시켰다.[37] 그 뒤 2010년 11월의 총선에서 양원제 의회 의원을 선출하고, 2011년 3월에 반민간정권에 권력을 넘겨주고 탄 슈웨는 퇴임했다. 정치발전 로드맵에 토대하여 권력승계의 제도적 장치를 마련하고서 독재자가 자발적으로 권좌에서 물러나는 것은 사인독재정권에서 '예외적인' 경우에 해당한다. 더구나 강력한 권력을 지닌 독재자가 '이행'과정을 '관리'하는 방식으로 권력승계 제도화의 토대를 구축했다는 것은 체제전환과 관련된 차기 반민간정권의 국가권력체계를 독재자가 자기 의도대로 설계할 수 있는 재량권을 행사할 수 있었다는 것을 뜻한다.[38] 따라서 탄 슈웨가 추진한 정치발전 로드맵은 권력승계 국면의 정치적 불안정의 증가 가능성이나 지배세력 내부의 분파적 권력투쟁 발생 가능성을 억제하면서 '안정 속의 변화'에 기반을 둔 '개혁'을 통해 체제전환을 추진하기 위한 것이라고 볼 수 있다.

4. 군부정권의 월경경협과 외부지대 실현

일반적으로 신가산제적 사인독재정권은 지지자들의 충성에 대한 물질적 보상에 기반을 둔 후견관계망의 작동에 의해 유지되기 때문에 경제위

---

37) 헌법 초안에 포함될 기본 원칙은 1993년에 소집된 국민회의에서 도입되었다.

38) Timo Kivimaki and Morten Pedersen, "Burma: Mapping the Challenges and Opportunities for Dialogue and Reconciliation," p. 98.

기 등으로 물질적 보상이 어려워질 경우 정권은 쿠데타, 반란, 암살, 대중
봉기, 외국 침공 등에 의해 폭력적으로 전복될 공산이 크다는 점이 지적
되곤 한다.[39] 이는 신가산제적 지배에서 후견관계망의 물적 토대인 국가
재정 자원의 확보문제가 중요하다는 것을 뜻한다. 신가산제적 사인독재
정권은 피후견집단들에게 제공할 물질적 보상을 위한 재정자원을 일반적
으로 국가 통제하의 추출자원 수출이나 외국원조 수용 또는 외국자본 투
자 유치 등에 의한 외부지대 실현에 의해 조성한다. 서구 경제제재가 계
속되는 동안 미얀마 군부정권은 중국이나 타이와의 월경경협을 통해 외
부지대를 실현했다.

　1980년대 말 이후 미얀마의 월경경협은 무역과 외국자본의 국내 투자
라는 두 부문으로 나누어 살펴볼 수 있다.[40] 두 부문에서 경제협력 추세
는 1990년대 중반까지 증가하다가 1997년의 아시아 금융위기를 기점으
로 감소세로 바뀌었고, 2000년 이후에 재활성화되었지만 내용상으로 상
당한 변화가 있다.

---

39) Barbara Geddes, "What Do We Know about Democratization after Twenty
　　Years?" p. 122, pp. 134~135 참조.
40) 접경지역의 타이 영내 공단에서 의류산업, 식품가공업 쪽에 고용되어 있는 이주
　　노동자의 생산활동도 월경경협의 한 유형이다. 2000년대 말 지구적 금융위기 이
　　후 이들의 가족 송금액 감소가 해당 주(州) 지역경제에 적지 않은 타격을 주었다
　　는 점에서 국경무역이 활발한 지역임에도 지방 주민가구의 빈곤 수준이 어느 정
　　도인지를 시사받을 수 있다. 미얀마의 제조업과 무관한 이주노동력의 생산활동
　　은 주민가구의 생계유지형 단순 외화 수입원에 불과하기 때문에 이 글에서는 논
　　의하지 않는다.

1) 대중국 무역의 국가독점 통제

1980년대 말의 군부정권의 '개방정책'에 따라 사기업의 무역과 수출 외환 보유가 허용되었고, 그 이전까지 불법으로 간주되었던 국경무역이 합법화되고 공식화되었다. 이 조치들에 힘입어 1990년대 전반에 무역이 활성화되었다. 사회주의 시기 억제되었던 생필품 수요가 폭발적으로 증가함에 따라 1990년대 중반까지 중국, 싱가포르, 타이 등에서 생필품과 내구성 소비재 수입이 급증했는데, 중국이 생필품의 주된 공급원 역할을 했다. 같은 기간 동안 수출 면에서도 타이와 더불어 중국이 가장 큰 비중을 차지했다.[41] 1997년의 아시아 금융위기 이후 군부정권이 사기업과 민간은행(준정부은행)의 외환 취급을 통제함에 따라 소비재뿐만 아니라 기계류 같은 자본재와 산업용 원자재의 수입도 급감했다. 또 미곡, 원목, 참깨 같은 1차 산품 위주의 수출 부문을 정부 부처의 무역회사나 군부 회사들이 독점적으로 통제했다.[42] 이와 같은 군부정권에 의한 외환 및 수출입 물자의 직접통제는 무역적자를 초래하고, 사경제의 활성화나 제조업의 성장을 억제했다.

2000년 이후에는 생필품 소비재 및 전기기계류 등의 대중국 수입이 급증했다. 대중국 수출 주력상품은 목재, 보석, 과일 등 1차 산품이고, 2000∼2003년에 목재(대부분 미가공 상태의 원목)의 대중국 수출이 전체 수출의

41) Toshihiro Kudo, "Myanmar's Economic Relations with China: Can China Support the Myanmar Economy?" *IDE Discussion Paper*, No. 66(2006), p. 8∼9; Toshihiro Kudo and Fumiharu Mieno, "Trade, Foreign Investment and Myanmar's Economic Development during the Transition to an Open Economy," *IDE Discussion Paper*, No. 116(2007), p. 26.

42) Toshihiro Kudo and Fumiharu Mieno, 같은 글, pp. 7∼8.

70%를 차지할 정도로 추출자원에 치중되어 있다. 그에 따라 2000년대 중반 무렵에는 중국이 최대 수출입 상대국으로 부상하고, 대중국 무역적 자도 많이 늘어났다. 그렇지만 2002년부터 본격적으로 시작된 타이에 대한 가스 수출 덕택에 군부정권의 경상수지는 흑자로 전환되고 외환 보유고도 증가했다. 또 내화 챠트(kyat)의 통화가치가 안정되고, 국유기업들의 경영도 어느 정도 개선되었다.[43] 가스 수송 파이프라인 건설이 완공된 2013년부터 미얀마는 중국에 대규모로 가스를 수출하고 있다. 이 가스 수출이 가져올 재정수입 증대효과는 상당할 것으로 예상할 수 있는데, 군부정권은 대타이 가스 수출을 통해 2005년에만 15억 달러의 외화 수입을 올렸다.

전체적으로 보면 2000년 이후 중국 및 타이와의 무역 증가는 미국의 1997년 미얀마 신규투자 금지 조치와 2003년 미얀마 상품 수입금지 조치 등 서구의 경제제재에 따른 경제적 곤란을 완화하는 데 기여했다.[44] 양국과의 국경무역은 미얀마 경제의 '생명선'이라고 할 정도로 중요한 역할을 했다.[45] 그렇지만 국경무역의 상당 부분을 차지하는 대중국 무역은 1차 산품과 일상 생필품의 단순한 상품교환에 치중되어 있다.[46] 대타

---

43) Toshihiro Kudo and Fumiharu Mieno, 같은 글, p. 9.

44) 1990년대 말부터 2000년대 초까지 대미수출로 의류가공업이 수출에서 큰 비중을 차지하기도 했지만 미국의 수입금지 조치로 큰 타격을 받았다.

45) 예컨대 2005년에 대미얀마 중국 수출의 58%와 수입의 82%가 윈난성(雲南省) 쿤밍(昆明)세관을 통한 국경무역을 통해 이루어졌다.

46) Lu Guangsheng and Zou Chunmeng, "Border Trade between Yunnan and Myanmar: Current Situation and Significance," Li Chenyang and Wilhelm Hofmeister(eds.), *Myanmar: Prospect for Change*(Singapore: Konrad Adenauer Stiftung, 2010), p. 231; Maung Aung Myoe, *In The Name of Pauk-Phaw: Myanmar's China Policy since 1948*(Singapore: Institute of Southeast Asian

이 가스 수출과 마찬가지로 대중국 월경경협은 미얀마의 주요 산업들에서 기존 생산요소의 활용도를 높이지도 않고, 산업 연관효과도 없기 때문에 그 자체는 체제전환 촉진효과를 산출하기 어렵다.[47] 그럼에도 무역·외환 독점적 관리제도에 기반을 둔 대중국 무역은 대타이 가스 수출의 독점체계와 더불어 군부정권이 외화 수입의 대부분을 외부지대로 전유할 수 있는 제도적 장치로 역할을 하고 있다.

2) 중국의 자본투자와 추출자원 개발

미얀마 군부정권은 1980년대 말에 외국인 투자법을 제정하여 외국자본의 투자를 받아들이기 시작했다. 1998년의 아시아 금융위기와 미국의 투자금지 조치가 적용되기 전까지 외국인 직접투자(Foreign Direct Investment: FDI)는 2000년대 이후와는 대조적으로 투자국 수나 투자 건수 면에서는 많은 반면에 투자 액수는 적은 것으로 파악된다.[48] 2000년대 후반으로 올수록 FDI는 급증하는 추세를 보여주고 있다. 단적인 예로 2010~2011 회계 연도의 FDI(미얀마 정부 승인 투자액 기준)가 200억 달러로 지난 20년 동안의 FDI 실제 총액 82.5억 달러보다 많다.

또 2000년 이후 10여 년 동안 FDI는 자원 추출과 발전(대체로 수력발전 댐 건설) 부문에 집중되었고, 2010~2011 회계 연도의 FDI에서는 1%만

Studies, 2011), pp. 155~157.

47) Toshihiro Kudo, "Myanmar's Economic Relations with China: Can China Support the Myanmar Economy?" pp. 7~10.

48) Jared Bissinger, "Foreign Investment in Myanmar: A Resource Boom but a Development Bust?" *Contemporary Southeast Asia: A Journal of International & Strategic Affairs*, Vol. 34, Issue 1(2012), p. 31 참조.

이 다른 부문에 투자된 것으로 나타난다.[49] 좀 더 구체적으로 살펴보면 제조업 부문의 FDI가 건수는 많지만 건당 투자액은 소규모이고, 원유·가스·발전 부문은 몇 건에 지나지 않지만 투자액의 대부분을 차지하고 있다.[50] 전체적으로 보면 2000년대 중반 이후 중국의 투자가 급증하기 시작해서 2011년에는 미얀마 정부 승인 투자액 기준으로 중국은 타이를 밀어내고 최대 투자국의 지위를 차지했다. 무역 부문에서와 마찬가지로 FDI 형태의 월경경협도 중국이 주도하는 구도로 짜이고 있다는 것을 알 수 있다.

미얀마에 들어온 FDI를 인프라 부문 투자, 국유기업에 대한 합영투자, 그리고 에너지 개발 투자 등으로 구분해서 간략하게 살펴볼 수 있다.[51] 인프라 부문 투자에서 가장 두드러진 특징은 최근에 막대한 건설비용이 들어가는 수력발전 댐 건설 프로젝트들을 중국이 독점적으로 지원하고 있다는 점이다. 중국정부는 프로젝트에 참여하는 자국 기업들에게 발전 설비를 저가에 공급하고 저리 수출신용을 제공하여 지원하고 있다.[52] 1999년에 중국 윈난성 정부는 중앙정부의 '중국-미얀마 운송 회랑' 프로젝트의 일환으로 중앙정부의 지원으로 에야와디(Ayeyawaddy) 운송 회랑 프로젝트(항만 확장 및 설비 보강사업)에 착수하기도 했다.[53] 국유기업에

---

49) 같은 글, p. 26, pp. 23~24 참조.

50) 이는 2000년 이후 10년 동안 에너지와 인프라 부문 등을 제외한 제조업 등 다른 산업 부문 투자의 부진한 실태를 은폐하는 효과가 있다. 같은 글, pp. 29~34.

51) 중국의 공식 FDI보다도 미얀마 거주 화교 친척 등을 통해 은밀하게 이루어지는 중국인들의 개인투자와 벤처사업 건수가 훨씬 더 많다는 지적도 있다. Maung Aung Myoe, *In The Name of Pauk-Phaw: Myanmar's China Policy since 1948*, p. 158.

52) Toshihiro Kudo, "Myanmar's Economic Relations with China: Can China Support the Myanmar Economy?" pp. 13~14.

대한 합영투자는 1990년대 말에 중국과 경제기술협력 프로그램들을 체결한 뒤 경협 차관형식으로 들여오는 산업기계류의 수입이 급증하면서 비교적 활발하게 이루어졌다. 군부정권은 2000년 초부터 수입대체 산업화정책의 일환으로 농업과 제조업 부문의 국유기업 설립에 역점을 두었는데, 중국은 이 프로그램을 통해 미얀마의 국유공장 건설사업에 대규모적 기술지원과 투자를 진행했다. 그 결과 실례로 제1산업성 산하에 설립된 합영기업들을 보면 방직, 합판, 도정, 제지, 제당, 농기구, 기타 경공업 부문과 같은 다수의 제조업종에 관련되어 있다.[54] 에너지 개발에 대한 투자의 경우에도 2000년 이후 가스전과 유전 개발을 위한 '중국석유화공집단공사(SINOPEC)', '중국해양석유총공사(CNOOC)', '중국석유천연가스집단공사(CNPC)' 같은 중국의 국영 석유회사들의 투자가 본격적으로 이루어지고 있다. 중국이 미얀마에서 수입하는 가스를 운반하고, 중동과 아프리카에서 수입하는 원유를 말라카 해협을 거치지 않고 육상으로 운송하기 위해 시작한 쿤밍까지의 가스·원유 파이프라인 건설 공사도 2013

---

53) 이 프로젝트는 중앙정부 차원에서는 서부 개발전략과 '이(二)대양 전략'의 핵심 연결고리를 구축하고, 윈난성 차원에서는 말라카 해협을 경유하지 않고 수출상품을 중동, 남아시아, 유럽에 수출할 수 있는 물자 운송로를 확보할 수 있는 중요한 사업으로 중국 측에서는 평가하고 있다. Toshihiro Kudo, "Myanmar's Economic Relations with China: Can China Support the Myanmar Economy?" pp. 14~15; Fan Hongwei, "China's 'Look South': Sino-Myanmar Transport Corridor," in Li Chenyang and Wilhelm Hofmeister(eds.), *Myanmar: Prospect for Change*(Singapore: Konrad Adenauer Stiftung), pp. 220~221. 군부정권은 이와 별도로 2010년 말에 타이 민간자본의 투자를 유치하여 더웨(Dawei) 심해 항구 개발 10개년 프로젝트에 착수했다. 오윤아 외,『미얀마 사회문화·정치와 발전잠재력』(서울 : 대외경제정책연구원, 2011), pp. 113-116.

54) Toshihiro Kudo, "Myanmar's Economic Relations with China: Can China Support the Myanmar Economy?" p. 15.

년에 완공됐다.[55]

종합적으로 보면 자원 추출과 수력발전 부문에 집중되어 있는 중국의 자본투자가 미얀마 국내 산업의 성장 가능성을 제고하여 체제전환을 촉진할 가능성은 무역 부문과 마찬가지로 별로 없다. 국유기업들에 대한 합영투자의 경우에도 이런 실정은 크게 다르지 않다.[56] 이 부문들에 대한 중국의 자본투자는 국내 산업 연관효과가 없는 '비지경제'에 불과하기 때문이다.[57] 그렇지만 추출자원 수출이나 수력발전 전기 수출과 마찬가지로 항만시설 조성사업, 에너지 개발사업, 파이프라인 프로젝트는 군부정권에 부지 임대료나 시설 사용료 명목으로 매우 큰 외부지대 수입을 보장해줄 수 있다. 따라서 대중국 무역과 자본투자 유치라는 월경경협을 통한 외부지대 실현은 군부정권의 신가산제적 지배를 뒷받침하는 후견관계

---

55) 미얀마-쿤밍 파이프라인 건설과 관련해서 "중국-미얀마 가스 파이프라인 건설", 《중앙일보》, 2013년 9월 2일 자 참조.

56) 수입대체 산업화정책에 따라 비효율적인 국유기업들을 모체로 해서 과도하게 설립된 합영기업들도 대체로 소유주인 군부 지주회사나 정부 부처 관료들이 공식 환율과 시장환율의 차이를 이용하여 수입물자를 국내에 판매하여 지대를 수취하는 통로로 활용되었다. 2002년에 FDI에 의해 설립된 기업체 360여 개 중 외국인 단독 투자기업이 150여 개나 되었던 것도 이런 다중 환율제에 의한 투자금 손실을 회피하기 위한 방편이라고 볼 수 있다. Toshihiro Kudo and Fumiharu Mieno, "Trade, Foreign Investment and Myanmar's Economic Development in the Transition to an Open Economy," in Koichi Fujita et al.(eds.), *The Economic Transition in Myanmar after 1988: Market Economy versus State Control*(Singapore: NUS Press in association with Kyoto University Press, 2009), pp. 122~123 참조.

57) 한 예로 야다나(Yadana) 댐 건설 프로젝트에는 10억 달러의 투자가 예정되어 있지만, 고용 창출효과는 800여 명에 불과하다. Jared Bissinger, 같은 글, p. 43, 46 참조.

망을 유지하기 위한 재정자원을 확보하는 데 결정적 역할을 하고 있다고 볼 수 있다. 그렇지만 미얀마의 대중국 월경경협 그 자체는 자본주의적 발전을 촉진하는 유인력으로 작용하지 않고, 군부정권에 의한 외부지대의 실현을 매개하는 역할에 한정되는 것을 알 수 있다.[58]

5. 군부정권의 후견관계망과 외부지대의 재분배 효과

앞에서 언급했듯이 신가산제적 지배양식의 한 가지 특성은 국가자원의 특수주의적 사용에 있다. 사인독재정권에서 이는 대체로 두 가지로 나타나는데, 독재자가 비공식적인 외화재정 자금을 운용하는 것과 후견관계망의 유지를 위해 피후견자들에게 물질적 보상을 제공하는 것이 이에 해당한다. 미얀마 군부정권에서도 이 두 가지를 확인할 수 있는데, 월경경협을 통해 실현한 외부지대가 그 재원으로 사용된다. 이 두 가지가 군부정권의 체제전환에서 어떤 의미를 지닐 수 있는지를 가용한 자료들의 검토를 통해 살펴볼 수 있다.

---

58) MENA 지역을 대상으로 한 '1, 2세대 지대수취국가론' 연구들의 결정적 오류는 '지대수취국가'의 체제전환 논의에서 외부지대를 주요 독립변수로 설정한 데에서 기인한다. 실제 경험적 현실에서 확인할 수 있는 것이지만 최근의 '수정주의' 연구들은 외부지대 실현 문제를 '지대수취국가'의 정권 내구력에 독립적이거나 제일적(齊一的) 효과를 산출하는 독립변수가 아니라 국내변수에 의해 매개되는 선행변수나 개입변수로 간주하고 있다. 또 이 연구들은 MENA 이외의 지역들을 보면 대규모 외부지대 실현에도 불구하고 '지대수취국가'에 해당하지 않는 나라들도 있다는 사실에도 유의하고 있다. A. M. Peters and P. W. Moore, "Beyond Boom and Bust: External Rents, Durable Authoritarianism, and Institutional Adaptation in the Hashemite Kingdom of Jordan," *Studies in Comparative International Development*, Vol. 44, Issue. 3(2009), pp. 259~261 참조.

1) '국가특수자금'과 신가산제적 사인독재의 물적 기반

신가산제적 사인지배에서 독재자는 국가 재정자원의 재량적 처리권한을 갖고 있다. 이는 독재자의 가장 강력한 권력자원 중의 하나인데, 미얀마 군부정권에서는 '국가특수자금'이라는 비공식적 외화재정의 운용에서 이를 알 수 있다. 군부 수뇌부가 관리하는 '국가특수자금'의 예로 월경 경협을 통한 외부지대 수입 중 규모가 가장 큰 (대타이) 가스 수출 외화수입을 들 수 있다. 국영가스석유회사의 이 수입은 국가 공식재정(일반예산)에 포함되지 않는다. 그리고 (비현실적인) 공식환율과 (내화의 실구매력을 나타내는) 시장환율의 차이를 이용하기 위해 소수의 전문가에 의한 작업 공정을 거친 뒤에 해외 조세 포탈지역의 금융기관과 미얀마 중앙은행의 '국가특수자금 계정'에 넣어서 보관하게 된다.[59] 이 계좌는 군부의 최고 위급 실력자 몇 사람만이 접근할 수 있는 것으로 알려졌다.

이 특수자금은 앞에서 언급한 것처럼 군부에 연계된 USDA/USDP나 관변 사회단체들을 지원하기 위한 비공식적 '정치자금', 군대 무기 및 군수물자 구입, 수도 네피도 이전에 따른 건설사업 같은 대규모 국가 토목사업 등과 같은 특수한 프로젝트의 추진 용도로 사용되는 것으로 추정하고 있다.[60] 2013년부터 중국에 가스를 수출함에 따라 이 특수자금의 규

---

59) 미얀마 신정부는 만성적 재정적자와 인플레이션을 타개하고, 외국자본 유치를 촉진하기 위한 제도적 환경을 개선할 목적으로 2012년 4월에 IMF의 기술원조를 받아 다중 환율제를 폐지하고 시장환율제를 도입했다. Lex Rieffel, "Myanmar on the Move: An Overview of Recent Developments," *Journal of Current Southeast Asian Affairs*, vol. 31, no. 4(2012), p. 37; International Crisis Groups, "Reform in Myanmar: One Year On," *Asia Briefing N°136*(11 April 2012, http://www.crisisgroup.org, 2012), p. 6.

60) Sean Turnell, "Myanmar's Fifty-Year Authoritarian Trap," *Journal of Interna-*

모는 더욱 커지고 있다고 볼 수 있다. 그런데 군부는 선거에 의해 구성된 의회가 소집되기 직전에 「특수자금법」을 제정하여 의회를 포함한 외부 기관의 회계감사 등을 전혀 받지 않고 군 총사령관이 '국가주권 보위'를 위해 아무런 제약 없이 비공식적으로 자금을 집행할 수 있는 권한을 갖도록 보장했다.[61]

외부지대에 기반을 둔 '국가특수자금'의 주요 용처 가운데 관변단체나 대중조직들의 후견관계망 유지를 위한 자금 지원이 포함되어 있다는 것은 외부지대가 군부정권의 후견관계망의 물적 토대로서 매우 중요하다는 것을 보여준다.[62] 그렇지만 이는 체제전환과 관련해서 외부지대가 후견관계망에 미치는 영향에 대해 알려주는 것이 없을뿐더러 대체로 정권안보를 위한 비생산적 용도로 지출된다고 볼 수 있다. 따라서 이런 영향을 파악하기 위해서 외부지대의 재분배가 피후견집단들에게 어떻게 작용하는지를 검토할 필요가 있다.

---

tional Affairs, Vol. 65, Issue 1(2011), p. 86.

61) Sean Turnell, "Reform and its limits in Myanmars fiscal state," N. Cheesman et al.(eds.), *Myanmar's Transition: Openings, Obstacles and Opportunities*(Singapore: Institute of Southeast Asian Studies, 2012), pp. 146~147 참조. 2010~2011 회계 연도 예산 중 국방비가 51%로 계상되었고(실제 지출액은 21%), 세수 부족으로 상당한 규모의 재정적자가 예상되었는데, 가스, 광물, 보석, 원목 등 수출에 따른 외화 수입액이 제대로 회계처리되고 일반 예산에 포함될 경우 재정적자는 발생하지 않았을 것이라는 지적도 있다. 같은 글, pp. 141~146 참조.

62) 그 외에도 '국가특수자금'의 법적 근거 명시는 독재자 개인보다 국가제도로서 군부의 기득이권 보장을 위한 물적 토대로서 외부지대가 중요하다는 것과, 외부지대가 체제안보를 위한 군사력 강화의 물적 자원으로 중요하다는 것을 보여준다.

2) 다중적 후견관계망과 '외부지대의 분배정치'

미얀마 군부정권은 만성적인 재정적자 속에서 다중적 후견관계망을 유지하고 있다. 따라서 군부정권은 후견관계망들에 연루되어 있는 물질적 보상의 대상집단들에게 한정된 외부지대를 재분배해야 하고, 이를 위해 대상집단들을 전략적으로 관리할 수밖에 없다. 이는 대상집단에 따라 물질적 보상자원으로서 외부지대의 재분배 방식이나 재분배의 정치경제적 효과가 달라질 수 있다는 것을 뜻한다. 달리 말하자면 대상집단들에게 재분배된 외부지대가 생산적/비생산적 용도로 지출되는지 여부에 따라 체제전환 유관효과 산출에서 차이를 가져올 수 있다. 예컨대 물질적 보상으로 외부지대의 일부를 분배받은 주체는 이를 비생산적으로 과시적인 소비를 할 수도 있고, 또는 생산적 투자를 위해 지출할 수도 있다. 이와 다르게 위계적 후견관계망 내에서 주변화된 기층 대상집단이 외부지대 재분배와 관련된 '정치적 수요'를 창출할 수 있고, 이 경우도 체제전환에 영향을 미칠 수 있다. 외부지대의 불평등한 분배는 그에 상응한 차별적인 정치적 효과를 산출하기 때문이다. 외부지대의 재분배와 관련된 이런 상이한 이해관계들이 체제전환에 미치는 복합적인 정치경제적 효과를 '외부지대의 분배정치'라고 규정할 수 있다. 여기서는 대상집단을 네 부류로 구분해서 이 문제를 간략하게 살펴본다. 이 구분은 외부지대의 차별적 효과를 보여주기 위해 대략적으로 선별해서 구분한 것이다. 그리고 외부지대 재분배의 효과와 관련해서 비생산적으로 소비되는 경우는 고려하지 않는다.

(1) 군부 고급장교들과 정부 고위관료들

대체로 정부 고위관료를 겸하고 있는 전·현직 고급장교들로 구성되어 있는 이들은 군부정권의 핵심세력이다. 이들 중 특히 장성급 인사들은 외부지대의 재분배와 관련해서 이중적 위치에 있다. 이들은 외부지배 재분배의 통제자이면서 이 외부지대의 수취자이기 때문인데, 이런 관계의 정점에는 탄 슈웨가 있고 이들 간에는 충성과 보상(측근 중용과 물질적 특혜)이 교환된다. 이들은 자기들이 분배하는 외부지대에 접근하기 위해 본인이나 가족이 개인회사를 설립하거나 '민간'회사를 공동으로 소유하기도 한다.[63] 실례로 킨 늉은 군 정보부대장으로 재직할 때 타이로부터 제공받은 금융자금 중 많은 액수를 정보부대와 자기 아들 회사가 공동으로 설립한 합자회사에 지원했다.[64] 또 2000년대 초에 랑군 지방군 사령관 겸 제1산업상을 역임한 탄 슈웨와 동향 출신인 한 장성의 가족은 석유, 가스, 쌀 판매업과 컴퓨터나 가전제품을 수입하는 회사를 3개나 운영하기도 했다.[65]

군부 상층부의 개인적 기업연계 활동은 1980년대 말 이후 군부정권이 국가 재원 조달과 장교들의 충성심 유지를 목적으로 사적 자본가들을 재정당화하고 자본주의의 부활에 매우 적극적이었던 것과 관계가 있다. 실제로 2000년대 말에 군부는 장성들에게 군사학교 동기들과 합자해서 사

---

63) 요르단의 '지대수취 경제'를 검토한 한 연구에서는 이를 석유 지대에 의존하는 '순수 지대국가경제' 이념형의 한 특징이라고 본다. Warwick Knowles, *Jordan Since 1989: A Study in Political Economy*(London & New York: I.B. Tauris, 2005), p. 13 참조.

64) 킨 늉과 그 부하들이 부패 독직혐의로 처벌되면서 그들 자신이나 가족 소유의 기업체들은 국가에 귀속되었다. Kyaw Yin Hlaing, "Setting the rules for survival: why the Burmese military regime survives in an age of democratization," p. 282, 285 참조.

65) Benedict Rogers and Jeremy Woodrum, *Than Shwe: Unmasking Burma's Tyran*, p. 272.

업을 하도록 권유했고, "모든 고급장교들은 정부와의 개별적 연줄을 이
용해서 적어도 가족 중 한 사람은 사업을 하고 있다".[66] 이런 연유로 군대
장성들이나 정부 내 전·현직 장성들은 민간인 협력자들('정실자본가'들)과
연합해서 부유한 '새로운 지대추구 계급'을 형성할 정도가 되었다.[67] 그
렇지만 이들은 자기분배한 외부지대를 대체로 상업 관련 본원적 축적을
위한 잉여로 활용했다고 볼 수 있다. 따라서 군부정권 핵심세력은 자신들
의 분파적 자본이익이 위협받지 않는 조건에서 경제개혁을 지지할 것이
라는 점을 엿볼 수 있다.

　이들은 군부 소유 기업들에 대한 투자를 통해서 외부지대의 재분배에
연결되기도 한다. 예컨대 군부의 대표적인 2대 복합기업체인 미얀마 경
제지주회사(The Myanmar Economic Holdings Corporation: MEHC)와 미얀
마 경제회사(The Myanmar Economic Corporation: MEC)에 투자한 전역한
고급장교들은 매년 투자금의 약 30%를 이자로 지급받았다.[68] MEHC와
MEC는 사업영역도 매우 광범위할 뿐만 아니라 무역이나 외국자본 투자
유치 등 월경경협에서도 상당한 정도의 독점적 통제권을 갖고 있다.[69] 특

66) Kyaw Yin Hlaing, "Setting the rules for survival: why the Burmese military
　　regime survives in an age of democratization," p. 284 참조.

67) Roger Lee Huang, "Re-thinking Myanmar's political regime: military rule in
　　Myanmar and implications for current reforms," pp. 9~10. 이들은 민간인들
　　에게 명의만 빌려주고 적지 않은 사업 배당금을 받거나, 지방 기업가들이 사업 이
　　익을 '지방정부 당국과 공유하는 전통'에 따라 분할해주는 이익금을 챙기기도 한
　　다. Kyaw Yin Hlaing, "Setting the rules for survival: why the Burmese
　　military regime survives in an age of democratization," p. 284 참조.

68) Kyaw Yin Hlaing, 같은 글, p. 284 참조.

69) MEHC가 지대를 수취하는 한 가지 예를 보면, 무역 독점권을 이용해서 민간회사
　　의 수출 위탁업무를 처리해주는 대가로 11%의 수수료를 받는 것이다. David I.

히 MEHC는 사업 다각화에 의해 방계회사들이 매우 많은 업종에 진출해 있고, 이 가운데 다수는 해당 업종에서 독점적이거나 지배적 지위를 차지하고 있다.[70] 따라서 이 회사들의 독과점적 경제적 지배력과 그에 연계된 외부지대의 재분배에 이해관계가 걸려 있는 장교들이나 관료들은, 실제로 2011년 이후에 단행된 군부 회사들의 독점적 이익을 침식하는 것과 같은 시장 개방적인 경제개혁 조치들에 소극적이거나 반대하는 입장을 갖고 있다고 볼 수 있다.[71] 그렇지만 위의 군부 핵심세력이나 아래에서 검토하는 정실자본가 집단이나 '자본연합' 집단과의 관계에서 보면 이들의 이해관계는 상대적으로 주변화될 것으로 보인다.

(2) 정실자본가 집단(이른바 '15대 재벌' 기업가집단)

SPDC가 조직된 뒤 군부의 경제사업 강화를 지원하기 위해 의도적으로 육성된 약 15명의 '민족기업가'들은 수적으로는 전체 기업가들 중 5%에 지나지 않지만, 미얀마의 경제적 부를 거의 장악하고 있는 것으로 추정되고 있다.[72] 이들은 국가 무역회사들의 수출면허를 이용한 1차 산품

Steinberg, "Burma/Myanmar: The Role of the Military in the Economy," Burma Economic Watch [online](http://www.businessandeconomics.mq.edu.au, 2005), p. 18 참조.

70) MEHC 지분의 60%는 현직 또는 퇴역 군장성들과 재향군인 단체들 그리고 연대급 군부대들이 가지고 있고, 40%는 국방부가 가지고 있다. MEC는 제철, 발전 등 중공업 부문과 경공업 합영기업 쪽에 집중적으로 투자하는 조직체로 중앙정부 국방부의 소유로 되어 있다. 같은 글, pp. 18~19.

71) 반민간정권은 2011~2012년에 시장 경쟁을 유도하기 위해 이 회사들의 자동차 수입 독점을 철폐하고, 여객버스 운송사업이나 식용유, 맥주 수입면허도 종료시켰다. Mary Callahan, "The Generals Loosen Their Grip," p. 128; International Crisis Groups, "Myanmar: The Politics of Economic Reform," *Asia Report* N°231(27 Jul 2012, 2012), pp. 11~12 참조.

수출로 사업을 시작하여, 군부의 집중적인 후견하에 토지, 호텔과 여타 다수의 국유기업 위탁관리를 맡으면서 대자본가로 성장했다. 그 결과 2003년에 군부정권의 수출면허 관련 무역통제와 외환통제에도 (아마도 이들이 주도적 역할을 했다고 판단되는) 사경제 부문의 수출입 비중이 국가 부문보다 더 커진 데에서 알 수 있듯이 이들 정실자본가의 경제적 지배력은 매우 크다.[73)]

군부정권은 이들의 충성도에 따라 무역이나 외자유치 관련 투자면허를 선별적으로 허용해주거나 자의적으로 이들 기업의 자원 접근권을 규제하기도 한다.[74)] 따라서 군부정권의 장성들이나 관료들이 외부지대를 직접 재분배받는 것과 다르게 이들은 군부정권에게서 외부지대의 수취 기회를 분배받는다는 점에서 간접적으로 외부지대를 재분배받는다고 볼 수 있다. 이들은 이 기회를 활용하여 경영방식이나 자금 동원·관리 등 기업역량을 축적해왔다. 결과적으로 자금 동원력, 사업 기획능력, 해외사업선 확보 등에서 이들 소유의 기업에 뒤지는 국영기업들은 원목, 원유 추출사업이나 인프라 건설사업 등을 이들에게 하청을 줄 수밖에 없는 처지에 있다.[75)] 심지어 이들은 군부정권의 전투기 구매자금을 지원하고 정권을 대신하여 무기구입 중개업도 하고 있다.[76)] 이는 이들이 국가가 독점하

---

72) 이들을 15~20명으로 추정하기도 한다. International Crisis Groups, "Myanmar: The Politics of Economic Reform," p. 9 참조.

73) Lee Jones, "The Political Economy of Myanmar's Transition," pp. 6~7 참조. 2010년 선거에서 USDP가 이들의 선거 출마와 정치자금 기부를 요구한 데에서도 이들의 사회적 위상을 엿볼 수 있다. 같은 글, p. 8.

74) 때로는 이들 중 특정인을 선별해서 부패나 돈세탁 혐의로 처벌함으로써 이들이 군부정권에 더욱 충성하도록 하는 처벌적 수단을 동원하기도 한다. 같은 글, p. 7.

75) 같은 글, p. 8 참조.

76) 탄 슈웨 군부정권에서 가장 영향력 있는 재벌로 알려져 있는 떼 자(Tay Za)는 러

고 있는 외부지대 창출 사업영역을 잠식하고 있다는 걸 의미한다. 따라서 이들은 사적 자본축적의 질적 전환 계기가 될 수 있는 경제개혁을 지지하지만 사인독재정권의 자의적인 권력행사에 취약할 수밖에 없는 계급적 역량의 한계 때문에 타협적이고 종속적인 처지에서 군부정권과 '공생'하고 있다고 볼 수 있다.[77] 그런데 이들의 타협적 공생전략은 이들과 위에서 본 군부 핵심세력의 이해관계가 '융합'되는 쪽으로 발전하고 있다. 재벌들이 군부 실력자 2세들과 사업뿐만 아니라 '혼맥'으로도 연결된 실례들이 보여주듯이 '많은 재벌들은 정치적·금융적으로뿐만 아니라 개인적으로도 장군들과 연결되어 있(기)' 때문이다.[78]

시아제 전투기 구입 건을 중개했다. 또 탄 슈웨와 연결되어 있는 다른 무기 중개상들은 중국제 전투기나 다른 나라 무기들을 구입하는 데 개입했다. Benedict Rogers and Jeremy Woodrum, *Than Shwe: Unmasking Burma's Tyran*, p. 280 참조.

77) 이는 군부정권과 정실자본가들의 '공생적 관계'가 '강력한 사업적 이해관계'의 공유 때문이기도 하지만(Jones, 2013a: 8), 그보다 중요한 것은 초기 형성 단계의 자본가계급의 취약한 경제적 지배력이나 정치적 헤게모니 때문에 이들은 국가에 종속적일 수밖에 없다는 점과 그런 한계가 국가의 억압적·사법적 강제력 행사에 취약한 정실자본가의 위상으로 나타난다는 점이다. 한 정세보고서에서는 이들은 '정실기업가'보다는 '군부 대리인'이라는 표현이 더 적합하다고 지적한다. International Crisis Groups, "Myanmar: The Politics of Economic Reform," p. 9 참조. 매우 부유한 생활을 하고 있는 군부 장성들의 수입은 군부 2대 복합기업체의 수익금과 더불어 '재벌 기업들의 뇌물에서 나온다'라는 지적도 참고할 수 있다. Yoshihiro Nakanishi, "Post-1988 civil-military relations in Myanmar," *IDE Discussion Paper*. No. 379(http://hdl.handle.net/2344/1204, 2013), p. 15 참조.

78) Benedict Rogers and Jeremy Woodrum, *Than Shwe: Unmasking Burma's Tyran*, p. 280. 한 예로 떼 자는 탄 슈웨 아들이나 그의 측근인 슈웨 만의 아들과 사업상 연계를 갖고 있는데, 슈웨 만 아들의 회사와 거래하여 그에게 막대한 이득을 안겨

(3) 국경지역 '자본연합' 집단[79]

2000년대 초 이후 군사적 강제력 사용과 호선에 의해 군부정권과 소수민족 반군들 사이에 정전협정이 체결된 국경지역들에서는 해당 지역의 지방군 사령관을 주축으로 중앙정부 관료, 민병대 지도자(소수민족 반군 지도자 출신) 등이 연합해서 중앙정부의 도로 건설 등 인프라 건설 지원을 배경으로 광물, 원목 등 추출자원의 개발사업을 시작했다. 군부정권은 이 과정에서 중앙정부에 대한 충성 정도에 따라 소수민족 지도자들에게 자원 개발권을 선별적으로 배분하거나 이들을 처벌하기도 했다. 그런데 자원 개발사업이 본격적으로 진행되면서 지방군 사령관을 주축으로 중앙의 대자본가(정실자본가)들과 외국자본(주로 중국 투자자들)으로 개발주체 세력이 재편되었다. 이들이 국경지역 '자본연합' 집단을 형성하게 되고, 소수민족 출신 현지 엘리트는 중앙정부의 '하청업자'로 전락하게 된다. '자본연합' 세력이 본격적으로 활동하면서 추출자원의 대중국 수출사업에 더해 주로 중국 자본투자에 의해 수력발전용 댐 건설, 유전과 가스전 개발 등 대규모 자원 개발사업이 진행되었다.

이런 식으로 자원 개발구도가 짜임에 따라 군부정권은 이 사업들에서 실현되는 외부지대를 '중앙집중적으로 관리'할 수 있게 된 최대 수혜자가 되었다.[80] 군부정권은 지방군 사령관과 개발사업에 참여한 대자본가

주었다. 군부 상층부와 재벌들의 '유착' 관계에 관해서는 같은 책, pp. 277~283 참조.

79) 이 부분의 기본 내용은 Lee Jones, "The Political Economy of Myanmar's Transition," pp. 8~11과 "Explaining Myanmar's Democratisation: The Periphery is Central"에 의존한 것이다. 이 글에서는 이 내용에 기초해서 중앙정부의 외부지대 재분배 방식에 초점을 맞추고 외부지대의 생산적 전환과 경제개혁과의 관계 문제를 검토했다.

80) 이 점은 앞에서 대중국 무역을 통한 군부정권의 외부지대 실현 문제에서 살펴보

들의 지속적인 충성을 유도하기 위해 이들에게 외부지대를 수취할 수 있는 개발권을 허가해주는 식으로 외부지대를 간접적으로 재분배했다. 이 점에서는 위의 정실자본가 집단의 경우와 유사하지만, 외국자본과 이들 개발세력이 직접적으로 연계되어 있고, 또 현지 원주민들의 토지 강탈 속에서 개발사업이 본원적 축적 형태로 진행된다는 점에서 차이가 난다. 이 경우에 군부 장성과 재벌이라는 군부정권의 핵심적 피후견집단들은 외부지대의 간접적 재분배 기회를 본원적 축적의 계기로 생산적으로 전화시키고 있는 셈이다. 따라서 외국자본의 지원으로 이들은 본원적 축적을 가속화할 수 있는 제도적 여건의 법제화 같은 시장 우호적 경제개혁을 지지할 것이라고 봐도 무리가 없다.[81]

(4) 비국경지역 지방군부대 중하급 장교집단

이 집단은 군부정권의 위계적 후견관계망의 하부에 속해 있기는 하지만 원칙적으로 물질적 보상 대상집단에 포함된다. 그렇지만 위의 세 집단과 다르게 국가재정 부족을 이유로 이 집단에게는 충성의 대가로 외부지대를 수취할 수 있는 기회가 주어지지 않는다. 따라서 위의 세 집단이 외부지대 재분배 확대와 관련된 '경제적 수요'를 창출한다면 이 집단은 외부지대 재분배와 관련된 '정치적 수요'를 창출한다. 이는 전자와 다른 맥락에서 군부정권의 경제정책 전환에 영향을 준다고 볼 수 있다. 외부지대의 재분배 수혜와 직접적 연관이 없는 이 집단을 검토하는 것은 이 때문이다.

였다.

81) 예컨대 개발주체들에게 유리한 자본 중심적인 농촌 토지 분쟁이나 원주민 생존권 문제의 해결, 환경보호 규제 완화와 관련된 법제화를 고려할 수 있다.

2000년대 초까지도 중앙정부는 국방예산의 부족 때문에 지방군부대 대대장들로 하여금 부대 초급장교들의 복지 자금 조성을 위해 자체적으로 수익사업을 할 수 있도록 했다. 그러나 2004년에 킨 늉의 정보부대와 산하 기업들이 해체된 뒤 지방군부대의 '복지자금' 조성사업도 중단되었고, 이로 인해 생활상의 어려움에 직면한 중하급 장교들의 불만이 급증했다.[82] 이런 상황과 관련해서 군부정권은 지방 군부대들이 자체적인 경비 충당 목적으로 사경제 부문의 자원을 징발할 수 있는 권한을 부여했다. 다른 국가기관들이 세금 명목으로 사경제 주체들을 초법적으로 수탈하는 것처럼 이런 권한을 부여받은 지방 군부대는 불법적으로 조세를 징수하고, 각종 잡부금 명목으로 현금을 강탈하는 일들을 빈번하게 자행해왔다.[83]

---

82) Kyaw Yin Hlaing, "Setting the rules for survival: why the Burmese military regime survives in an age of democratization," p. 289 참조. 군부대들이 자체적으로 추진한 수익사업은 기업의 설립·운영, 부대 소유재산의 민간사업가 임대, 수도작 사업이나 여타 작물 플랜테이션 사업 등이었다.

83) 예컨대 농촌지역에서 군대는 농가가 현금을 내지 못할 경우 가축이나 다른 물건을 몰수하기도 하고, 농작물을 시장가격 이하로 강제 수매하기도 했다. 정미소 업주나 개인 전화호출기 판매업자 같은 소사업자들도 과중한 비공식적 세금을 부담해야 했고, 심지어 일부 접경지역 군부대 지휘관들은 인접국의 휴대전화를 임대 사용하는 주민들에게도 세금을 부과할 정도였다. 또 군부대들은 다른 지방정부기관들과 마찬가지로 중앙정부 규정보다 더 많은 세금을 주류상점이나 양식장을 운영하는 소사업자들에게 부과한 다음에 세금 감면을 내세워 사업장 시설을 무상으로 사용하거나 설비를 강탈하거나 또는 수입을 분할해서 가져가기도 했다. Network for Human Rights Documentation, "We have to give them so much that our stomachs are empty of food: The Hidden Impact of Burma's Arbitrary & Corrupt Taxation,"(http://www.nd-burma.org, Funded by: National Endowment for Democracy and Open Society, 2010), pp. 13~15, 40~47 참조.

그렇지만 국가예산에서 지급되는 급료도 부족한 상황에서[84] 이런 식의 주민 수탈은 군부대 중하급 장교들의 생활 형편 개선에 거의 도움이 되지 않는다. 많은 경우 생계유지에 급급한 가구들에 대한 불법적 수탈은 한계가 있기 때문이다. 따라서 물질적 보상 대신 사경제 부문 주민 가구에 대한 수탈 권한의 부여는 군대 후견관계망 기층 부문의 충성을 유도하는 대신에 이들의 불만을 증가시키고, 후견관계망의 작동을 불안정하게 만들고 있다.[85] 군부정권이 이에 대처할 수 있는 현실적인 방안은 외부지대의 수취를 늘려서 이들이 소소한 수준에서라도 외부지대를 재분배받을 수 있는 기회를 제공하는 것이다. 이런 맥락에서 외부지대의 재분배에서 배제된 이 집단의 불만 증가는 외부지대의 재분배에 대한 '정치적 수요'가 크다는 것을 보여준다. 군부정권에 의한 체제전환과 경제성장 문제의 검토에서 이런 '정치적 수요'도 일정하게 고려할 수밖에 없다.[86]

6. 군부정권의 권력승계와 체제전환의 상호규정적 동학

미얀마 군부정권의 신가산제적 지배의 특성과 월경경협 외부지대의

---

84) Yoshihiro Nakanishi, "Post-1988 civil-military relations in Myanmar," p. 15 참조.

85) Timo Kivimaki and Morten Pedersen, "Burma: Mapping the Challenges and Opportunities for Dialogue and Reconciliation," p. 97.

86) 특히 2000년대 중반 이후 군병력이 급증했는데, 탄 슈웨는 장기적인 장교 양성사업을 뒷받침할 수 있는 안정적 재정자원이 필요하다는 점을 인식하고서 가스 수출 외화수입 증대와 시장경제 이행에 의한 경제성장에서 그 실천방안을 모색했을 것이라는 지적도 참고할 수 있다. Yoshihiro Nakanishi, "Post-1988 civil-military relations in Myanmar," p. 14 참조.

재분배 문제에 관한 이상의 논의를 바탕으로 대중국 월경경협이 군부정권의 체제전환에 미친 영향을 논의할 수 있다. 월경경협을 통한 외부지대의 실현 그 자체는 직접적으로 체제전환 유관효과를 산출하지는 않는다는 점을 염두에 두고서 추동력이 다른 외부지대 재분배의 두 가지 동학을 검토할 수 있다. 하나는 군부정권 후견관계망 안에서 외부지대의 생산적 전환에 토대하여 피후견집단에서 성장한 군부-자본가 연합세력이다. 다른 하나는 권력승계의 제도화와 연계하여 재량적 권력을 행사할 수 있는 군부정권 독재자이다. 둘 다 신가산제적 지배양식의 특성과 관계된다. 양자는 상호연계되어 있지만 체제전환에 영향을 미치는 방식에서 차이가 난다.

1) 외부지대의 생산적 전환과 군부-자본가 연합세력의 성장

군부정권의 신가산제적 지배에서 독재자 탄 슈웨는 자신의 권력을 지탱해주는 핵심적 후견관계망을 유지하기 위해 직간접적 방식으로 외부지대를 재분배해왔다. 피후견집단에 속한 정실자본가들은 외부지대의 재분배를 주로 상업자본의 축적을 위한 생산적 전환 기회로 활용해왔다. 이들은 축적한 자본을 기반으로 군부 핵심세력 및 외국자본과 연계하여 군부-자본가 연합세력을 형성하게 되었다. 후견관계망의 외부지대 재분배를 매개로 한 군부-자본가 연합세력의 형성은 군부정권에 의한 '민족자본가'의 정책적 육성이라는 계기가 중요한 역할을 했다고 볼 수 있다. 이런 계기가 없었다면 정실자본가 집단의 급속한 성장과 사경제 지배력의 확보를 가능하게 해준 군부의 집중적 후견이나, 이들과 연합한 군부 장성들의 개인적 기업 소유와 사적 자본축적 활동이 활성화되기가 쉽지 않았을 것이기 때문이다. 외부지대의 생산적 전환과 더불어 이 연합세력의 성장

요인으로 한 가지 더 고려할 수 있는 것은 탄 슈웨 가족도 이 집단의 중요
구성원이라는 점이다. 그의 가족도 다수 기업들을 소유하고 있고, 자본축
적에 적극적이기 때문이다. 따라서 이들은 이 집단과 경제적 이해관계를
같이하고, 일부 정실자본가들과 사업적으로 긴밀한 관계를 유지하고 있
다는 점에서 이 집단의 성장에 중요한 역할을 했다고 볼 수 있다.[87]

　군부정권의 권력승계 제도화가 진행되고 있던 2000년대 말에 탄 슈웨
에 의해 국유기업과 국유재산의 대규모 사유화 조치가 이루어진 것이
나,[88] 위에서 본 국경지역 '자본연합' 집단에 의해 본원적 축적과정이 강
력하게 전개되는 것은 군부-자본가 연합세력이 사적 자본축적의 질적 전
환을 위한 계기를 마련하는 데 적극적이라는 점을 시사한다. 이런 맥락에
서 이 세력의 자본축적 확대를 위한 외부지대의 증가 필요성은 외자유치
와 자원개발사업 투자 확대 방안의 모색으로 연결된다. 여기서 시장중심
적인 법적·제도적 기반을 구축하기 위한 경제개혁·개방정책의 추진 필요
성이 제기되고, 이는 체제전환으로 연결된다고 볼 수 있다.

　전체적으로 볼 때 신가산제적 후견관계망의 피후견집단인 정실자본가
집단에 의한 월경경협 외부지대의 생산적 전환은 군부-자본가 연합세력
의 성장을 가져왔다는 점에서 체제전환 촉진효과를 산출하고, 이 연합세
력이 체제전환의 추동력으로 작용한다고 볼 수 있다. 그런데 군부-자본가
연합세력이 체제전환을 강력하게 지지한다고 하더라도, 위의 정실자본가
집단의 경우에서 보듯이 이 세력이 독자적으로 체제전환을 주도할 수 있
는 정도의 역량을 축적했다고 보기는 어렵다. 왜냐하면 군부정권은 "모

---

87) 후견관계망의 외부지대 재분배를 매개로 한 군부-자본가 연합세력의 성장이나
　　독재자 가족의 사적 자본축적 활동은 모두 신가산제적 지배양식의 한 특성인, 독
　　재자에 의한 국가 재원의 특수주의적 사용과 연관되어 있다.
88) 이 점은 아래에서 다시 검토한다.

든 영역의 지배질서를 규정하는 '거물'의 배타적 권력에 의해 지배되는"
'가산제 정권'이었고, "(그래서) 탄 슈웨가 결정했기 때문에 개혁했다"라
고 말할 수 있기 때문이다.[89] 즉, 신가산제적 지배의 다른 특성인 독재자
에 의한 권력집중 문제를 고려하지 않고서는 실제로 체제전환이 이루어
진 이유를 밝히기가 어렵다.

2) 권력승계의 제도화에 연계된 독재자의 재량적 권력행사

권력승계의 제도화 문제는 신가산제적 지배양식과 대체로 길항적 관
계에 있다. 그럼에도 탄 슈웨가 권력의 정점에 있는 동안에 권력승계의
제도화에 나선 데에는 몇 가지 이유가 있다. 우선 그가 고령에 따른 건강
악화라는 자신의 신체적 한계를 중요하게 고려했다고 볼 수 있다.[90] 이
점은 그가 네 윈과 마찬가지로 유력한 경쟁자들을 부패 혐의로 제거하고
일인 지배체제를 구축한 선례를 남겼기 때문에 권력승계 이후에 본인도
부패 혐의로 제거되거나 쿠데타로 인해 몰락할 가능성도 배제할 수 없다
는 판단과 관계가 있다.[91] 따라서 탄 슈웨는 고령에 따른 신체적 노쇠로

---

89) Adam P. Macdonald, "From Military Rule to Electoral Authoritarianism: The Reconfiguration of Power in Myanmar and its Future," *Asian Affairs: An American Review*, Volume 40, Issue 1(2013). p. 26 참조.

90) 예컨대 2007년의 대규모 승려 시위로 인해 '제도로서 군부'의 정당성이 침식되었지만 탄 슈웨가 정치발전 로드맵을 그대로 추진한 중요한 한 가지 이유는 그가 고령이었기 때문이라는 추론은 유의미하다. Timo Kivimaki and Morten Pedersen, "Burma: Mapping the Challenges and Opportunities for Dialogue and Reconciliation," p. 97; Yoshihiro Nakanishi, "Post-1988 civil-military relations in Myanmar," p. 16 참조.

91) 아래에서 보겠지만 탄 슈웨는 실제로 이런 가능성을 심각하게 우려한 것으로 알

권력승계 국면에 수동적으로 대응하기보다는 이런 불리한 상황 전개 가능성을 차단하기 위한 선제적 조치들을 공식적으로 '제도화'하는 것이 더 나은 선택이라고 판단했을 수 있다.[92] 이는 포스트군부정권의 국가권력체계를 자신의 의도대로 만드는 일이 권력승계 제도화의 핵심이라는 것을 의미한다. 이를 위해 제도화 과정은 두 가지 기본원칙에 입각해서 관리되었다. 하나는 본인과 가족 그리고 군부 내 직계세력의 신변 안전을 보장하고, 가족 소유 기업들을 포함한 재산을 안전하게 보호하는 것이다.[93] 다른 하나는 군부 내 다른 분파들에 의한 쿠데타 가능성을 제거하는 것이다.

그는 이 두 가지 원칙을 현실적으로 담보하기 위해 정권을 이양하기 직전 2~3년 동안에 세 가지 중요한 '분파적' 조치를 단행했다. 첫째, 2007년부터 진행되어온 국유자산과 국유기업들의 사유화 조치가 특히 2010년에 대규모로 이루어진 점을 들 수 있다. 항구나 항공사에서 시작해서 담배공장이나 정부 건물까지도 사유화되었는데, 주로 탄 슈웨 측근들이나 개인적 연고가 있는 재벌들에게 불하되었다.[94] 이는 권력승계 이후 자

려졌다.

92) 2011년에 군 총사령관과 SPDC 의장직에서 물러날 당시 탄 슈웨는 78세의 노인이었다. 그런데 미얀마 전문연구자들도 탄 슈웨가 왜 자발적으로 권좌에서 물러났는지 아직까지 아무도 알 수가 없다고 지적한다.

93) 군부 내에는 1960년대부터 소집단들이 형성되었고, 최고위급 장성에까지 연결되는 사적 충성에 기반을 둔 후견관계(측근 관계)가 널리 퍼져 있었다. Win Min, "Looking inside the Burmese Military," pp. 1018~1021 참조. '사인독재자'로서 탄 슈웨가 군부를 지배한 것과 이런 소집단적 파벌(직계 세력)들의 존재는 양립할 수 있다.

94) 공식경매 절차도 거치지 않은 채로 이루어졌기 때문에 군부나 정실자본가들에 의한 국유재산의 '강탈'이라는 비난이 팽배했다. Sean Turnell, "Myanmar's

파 세력의 후견관계망을 유지하고 정치적 영향력을 확보하기 위한 경제
적 지배력의 확대 조치라고 볼 수 있다. 둘째, 그는 2009년에 대규모 군장
교들의 인사 조치를 했다. 직계세력에 속한 많은 장성들을 정부 상급 직
위에 임명하고, 상급 장교들을 진급시켰다. 또 의회 선거를 앞두고 그는
군부 내 서열 2~3인자를 포함한 다수 지방군 사령관들과 동반 전역하여
군부 지도부 세대교체를 이룸으로써 유력한 잠재적인 경쟁자들이 자신에
게 역공을 가할 수 있는 가능성을 제거했다. 군 인사 관련 이런 조치들은
전역 뒤에도 막후 영향력을 행사하고, 본인 및 가족의 신변 안전과 가족
의 기업활동 안전을 보장받기 위한 것이다.[95] 셋째, 그는 군부의 후계자
1인이나 하나의 국가기관에 의한 권력 집중의 배제원칙에 입각해서 포스
트군부정권의 국가권력체계를 분산적 구조로 만들었다. 대통령, 의회,
USDP, 군부라는 네 개의 권력 중심으로 분리하고 상호견제하는 구도를
만들었다.[96] 개인적으로 자신을 '군주'라고 여겼던 그가 반민간정권의
요직 인선에서 가장 중요하게 고려한 것은 그의 '왕위'를 노릴 가능성이
있는 사람들을 배제하는 것이었다. 따라서 그가 지명해서 요직에 앉힌 인

Fifty-Year Authoritarian Trap"; L. Rieffel, "The Economy of Burma/
Myanmar on the Eve of the 2010 Elections,"(http://www.thebestfriend.org,
2010), p. 8. 탄 슈웨와 밀접한 관계에 있는 일부 정실자본가들에게 271개의 국
유기업이 불하되었다는 지적도 있다. Marco Bunte, "Burma's Transition to
'Disciplined Democracy': Abdication or Institutionalization of Military
Rule?" *GIGA Working Paper*, No. 177(2011), p. 17 참조.

95) BMI View, "2010 Elections Unsettling Regime," *Asia Monitor: South East Asia
Monitor Volume 1 MAY 2009*, Vol. 20 Issue 5(2009), p. 7.

96) Kyaw Yin Hlaing, "Understanding Recent Political Changes in Myanmar,"
pp. 204~207 참조. 군부의 '자발적인' 정치권력의 축소는 독재자에 의한 이런
분산적 권력구조 구축 의도와 관련이 있다고 볼 수 있다.

사들은 '가장 총명하고 최고'인 사람들이 아닌 그에게 '가장 덜 위협적인' 사람들이었다.[97]

그런데 이 조치들 중 대규모 사유화 조치와 군장교 인사 조치는 군부 내에서 무시하지 못할 반발을 초래했다. 왜냐하면 이 두 조치는 탄 슈웨 분파에 대한 노골적인 특혜조치였기 때문이다. 당시 군부 내 서열 2위인 마웅 에 계파에 속해 진급이 보류된 상급 장교들은 탄 슈웨와 그 측근들의 엄청난 부패에 분노할 정도였다.[98] 또 진급에서 누락된 중하급 장교들도 본인들이 좋은 수입(뇌물)을 얻을 수 있는 직위로 진급하기 위해서는 훨씬 더 많은 기간을 기다려야 하기 때문에 많은 불만을 터뜨렸다. 군부 내의 이런 분위기를 알고 있던 탄 슈웨는 그 자신이 그랬던 것처럼 이들이 연합하여 쿠데타를 일으켜서 자기를 가택연금하고 자기 가족재산을 몰수할 지도 모른다고 두려워했다.[99] 따라서 탄 슈웨는 군부 내 이런 갈

---

97) International Crisis Groups, "China's Myanmar Dilemma," p. 5 참조. 예컨대 대통령직을 수행하게 된 떼인 세인만 하더라도 "처음에는 그가 무엇을 해주기를 그 노인(탄 슈웨)이 바라는지를 주로 생각했음에 틀림없다"라고 주변에서는 평가했다. Kyaw Yin Hlaing, "Understanding Recent Political Changes in Myanmar," p. 208 참조.

98) 이는 편파적 인사 조치에 대한 불만과 더불어 사유화된 국유기업들 중에 군부 복합기업체들 산하 기업들도 다수 포함되어 있어서 군부 복합기업체들의 국내경제 지배력이 적잖이 타격을 입게 된 점(Marco, 2011: 17)도 작용한 것으로 보인다.

99) BMI View, "Referendum Causes Internal Divisions," *Asia Monitor: South East Asia Monitor Volume 1 MAY 2008*, Vol. 19 Issue 5(2008), p. 7; BMI View, "2010 Elections Unsettling Regime," p. 7. 이런 이유로 한때 탄 슈웨는 마웅 에 를 제치고 군부 내 서열 3위인 슈웨 만을 진급시켜 후계자로 지명하려고 하기도 했다. BMI View, "Ailing Leader Raises Risk of Internal Strife," *Asia Monitor: South East Asia Monitor Volume 1 NOVEMBER 2008*, Vol. 19 Issue 11(2008), p. 7.

등과 반발을 억제하고 지속적으로 충성을 유도하기 위한 방안을 권력승계의 제도화 과정에 포함시킬 필요가 있었다고 볼 수 있다. '국가제도'로서 군부의 정치적·경제적 기득이권을 헌법에 명시하여 보장한 것은 이 점과 관계가 있다. 실례로 헌법에서는 의회가 국방예산이나 안보 관련 사안은 심의할 권한을 전혀 갖지 못하도록 규정했다. 그리고 행정부 내에 국방안보협의회를 설치하여 군 총사령관이 의장을 맡고 안보·치안 부처 장관들의 추천권을 갖도록 규정했다. 또 중앙과 지방의 양원 각각의 입법기관에서 군장교들이 전체 의석의 25%를 할당제 당연직 의원으로 차지하도록 규정했다.[100] 이런 규정들에 비춰보면 군부는 헌법상 어떤 국가기관에도 예속되지 않는 최고 권력체로서 위상을 부여받는다.[101] 앞에서 본 특수자금법의 제정도 동일한 맥락에 위치한다.

그렇지만 다른 국가기관들과의 권력 분점경쟁이 실제로 큰 의미가 없는 상황에서 군부의 헌법상 특권적 위상 보장보다 군부의 집단이익을 보장하기 위해 탄 슈웨에게 현실적으로 중요한 문제는 외부지대의 수취 확대 방안을 찾는 것이다. 예컨대 국가특수자금의 법적 보장도 중요하지만, 국가특수자금의 재원인 외화수입을 늘려서 군부의 여파 분파들을 포함한 핵심세력에게 물질적 보상을 강화하는 것이 분파적 갈등을 억제하는 데 더 중요하다.[102] 그러므로 이를 위한 현실적 방안으로 월경경협을 확대

---

100) 헌법을 개정하려면 의원 75%에 해당하는 정족수를 채워야 하기 때문에 군부가 동의하지 않는 한 헌법 개정 같은 중요한 입법 활동이 불가능하도록 되어 있다.

101) 이 점에서 군부의 정치적 통제는 '훨씬 더 제도화'되었다고 볼 수 있다. Marco Bunte, "Burma's Transition to 'Disciplined Democracy': Abdication or Institutionalization of Military Rule?" p. 18.

102) 위의 군장교 인사 조치의 부정적 파급효과도 그 근원은 외부지대 재분배 문제에 있다는 것에서도 이 점을 알 수 있다.

하고, 서구 자본을 유치해서 기존의 중국, 타이 자본과의 경쟁관계를 유도한다는 대외정책의 전환을 꾀했다고 볼 수 있다.[103]

이렇게 볼 때 권력승계의 제도화 과정에서 제기되는 탄 슈웨의 개인적·분파적 이익 보호 필요성이 외부지대의 수취 확대를 보장하기 위한 경제개혁·개방과 체제전환을 촉진하는 효과를 산출한다. 그렇지만 이런 분파적 이익 보호 필요성이 체제전환 효과 산출로 연결될 수 있는 것은 권력승계의 제도화 과정을 '관리'할 수 있는 탄 슈웨의 재량적 권력행사가 있기 때문이다. 따라서 권력승계의 제도화 과정에서 체제전환을 촉진하는 추동력은 신가산제적 지배의 특성인 독재자 권력행사의 재량권 보장이라고 할 수 있다.[104] 여기서 (제도로서 군부 이익의 보장 문제를 별개로 할 때)

---

103) 이런 정책 전환은 미국이나 EU의 경제제재 해제와 서구 자본투자를 유치하기 위해서는 미얀마가 '시장경제개혁'과 '정치개혁'을 본격적으로 추진할 것이라는 점을 대외적으로 인식시켜야 한다는 문제와 연결되어 있다. 그런데 이 문제는 중국에 편중된 월경경협의 지형을 변화시키려고 하는 군부정권의 정치적 의도나, 동남아시아에서 중국의 영향력 확대를 견제하고자 하는 미국의 아시아 복귀전략 추진이라는 국제적 요인과 부분적인 관련이 있다고 볼 수 있을 것이다. 군부정권의 입장에서 중국의 투자로 자원 개발과 수력발전 댐 건설공사가 진행되고 있는 자국의 북부지역이 중국의 '경제적 식민지'로 전락했다고 인식할 정도로 중국의 정치적·경제적 영향력을 두려워하고 있는 점이나 이를 제지하기 위해 영토의 지정학적 위치와 부존자원의 '균형적 할당 개발전략'을 활용하여 다른 강대국들을 끌어들이는 전략을 추진한 점도 이런 대외정책 전환을 가져오는 데 일정하게 영향을 미쳤다고 볼 수 있을 것이다. K. Yhome, "The Changing Discourse on China-Myanmar Bilateral Relations," in Li Chenyang and Wilhelm Hofmeister(eds.), *Myanmar: Prospect for Change*(Singapore: Konrad Adenauer Stiftung, 2010), pp. 156~161; International Crisis Groups, "China's Myanmar Dilemma," p. 28 참조.

104) 미얀마 군부의 많은 장성들이 탄 슈웨 정권하에서 경제개혁이나 정치개혁을 비공식적으로 지지했음(Hlaing, 2012: 209; Nakanishi, 2013: 23)에도 탄 슈웨

탄 슈웨에 의한 권력행사 제도화의 주된 목적이 가족과 직계세력의 재산 보호라는 점을 고려하면, 군부-자본가 연합세력 일부(탄 슈웨 분파)의 자본축적 확대 욕구가 경제개혁과 체제전환을 촉진하는 또 다른 추동력이 될 수 있다. 또 탄 슈웨가 재량적 권력행사에 의해 확보하려는 것이 넓게 보면 군부-자본가 연합세력 전체의 이익이라고 볼 때 이 역시 또 다른 추동력으로 작용할 수 있다. 왜냐하면 탄 슈웨는 자파 이익을 보호하기 위한 방편으로 군부-자본가 연합세력 내 여타 분파들을 위한 외부지대의 수취 확대 방안을 강구했기 때문이다.

그런데 군부-자본가 연합세력의 분파적 이익이든 전체 이익이든 간에 자본축적 확대 욕구는 탄 슈웨의 재량적 권력행사에 의해 관리되는 권력승계의 제도화를 통해 구체적으로 실현될 수 있다. 이 점에서 재량적 권력을 행사하는 독재자가 정치영역에 기반하고 있는 주 추동력이라면, 군부-자본가 연합세력은 경제영역에 기반하고 있는 보조 추동력이라고 할 수 있다. 왜냐하면 권력승계의 제도화는 독재자의 재량적 권력행사에 의해 군부-자본가 연합세력의 자본축적 확대 욕구의 실현 방식을 규정하는 틀의 역할을 하기 때문이다. 그렇지만 독재자 권력행사의 재량권이 무제한적인 것이 아니라 후견관계망에 의해 어느 정도 제약된다는 점에도 유의할 필요가 있다. 왜냐하면 독재자 권력행사의 재량권을 뒷받침해주는

가 구체적인 정치발전 로드맵을 가동하여 완료하기까지 체제전환 국면을 촉진하는 데 유의미한 역할을 하지 못했다는 것은 체제전환의 추동요인으로서 독재자의 역할이 매우 중요하다는 점을 시사한다. 군부가 군부 자신이 설정해놓은 최우선적 과업인 국가안보의 안정적 유지 기반이 마련되었다고 판단하기 때문에 이 로드맵에 따라 정치 일선에서 퇴각하고, 국민적 통합을 위해 다당제 정치개혁과 시장경제개혁의 단행이라는 체제전환을 추진했다는 점을 강조하는 해석들(Taylor, 2012)도 이 점을 간과하고 있다.

것은 후견관계망 내 핵심적 피후견집단이기 때문이다. 따라서 탄 슈웨와 군부-자본가 연합세력 간의 관계에서 보듯이 핵심적 피후견집단의 이해 관계가 자본축적 확대 욕구의 실현에 있을 때 독재자의 재량적 권력행사는 이 욕구 실현을 부분적으로라도 반영해야 한다는 점에서 제약된다. 이 점에서 신가산제적 지배에서 독재자의 재량적 권력행사와 핵심적 피후견 집단의 물적 토대의 보장 간에는 불균형적으로 상호보완적이면서 동시에 상호제약적인 관계가 작용하고 있다고 볼 수 있다.

앞에서 언급한 기존 연구 성과들과 관련해서 보면, 위에서 검토한 것처럼 미얀마 군부정권의 신가산제적 지배양식의 특성들을 중심고리로 설정해서 분석할 경우 권력승계의 제도화 문제와 체제전환 문제를 유기적으로 연결해서 통합적으로 파악할 수 있다. 예컨대 이 두 문제가 맞물려서 진행되는 이유나, 군부정권이 강력하게 사회를 통제하고 군부 내의 분열위기가 없음에도 위로부터 자발적으로 개혁을 추진하는 이유나, 또는 독재자의 재량적 권력행사가 피후견집단에 의해 제약되는 점 ― 기존연구들에서 단편적 설명만 제시한 ― 등을 통합해서 가설적으로 제시할 수 있다. 또 이 두 문제를 월경경협을 통한 외부지대의 실현 문제와 연계해서도 설명할 수 있다.

7. 결론 및 북한에 주는 시사점

미얀마 군부정권을 신가산제적 사인독재정권으로 규정한 위에서 군부정권의 대중국 월경경협의 체제전환 유관효과 산출 문제를 검토한 이상의 논의에 기초해서 다음 네 가지 경우의 조건부 결과를 고려할 수 있다.

첫째, 신가산제적 사인독재정권을 지탱해주는 후견관계망의 핵심적 피후견집단이 충성의 대가로 재분배받은 외부지대를 생산적으로 전환하여 사적 자본축적 (확대) 기회를 갖게 되는 경우 월경경협을 통한 외부지대 증가는 체제전환 촉진효과를 산출할 가능성이 높다.

둘째, 독재자가 핵심적 피후견집단에게 물질적 보상을 제공하기 위해 외국자본의 투자를 받아 추출자원의 수출을 확대해서 외부지대의 재분배를 늘린다고 해도 이 외부지대의 생산적 전환 기회가 제약되어 있는 경우 월경경협의 활성화가 체제전환 촉진효과를 산출할 가능성은 낮다.

셋째, 독재자나 그의 직계세력이 월경경협을 통한 외부지대 수취 증가에 토대한 사적 자본축적에 이해관계를 갖고 있는 경우 권력승계의 제도화 과정은 체제전환 촉진효과를 산출할 가능성이 높다.

넷째, 핵심적 피후견집단에 대한 독재자의 물질적 보상이 충성을 유도하지 못할 정도로 열악할 경우 독재자의 재량적 권력행사는 크게 제약을 받기 때문에 월경경협을 통한 외부지대의 수취 감소는 체제전환 촉진효과를 산출할 수 있다.

신가산제적 지배에서 독재자, 핵심적 피후견집단, 그리고 월경경협의 외부지대 수취 사이의 결합조건에 따라 예상되는 결과가 다르다는 것은 신가산제적 사인독재정권의 시장경제개혁·개방정책의 수용 가능성이 국내 정치적·경제적 조건에 따라 달라질 수 있다는 것을 뜻한다. 따라서 신가산제적 사인독재정권은 정치체제와 경제체제의 비전형적인 결합에 기초한, '비이행'이나 '부분적 개혁'을 포함한 여러 방식의 '이행' 가능성을 열어놓고 있다.

미얀마 군부정권의 대중국 월경경협이 체제전환에 미친 영향의 검토에서 얻을 수 있는 이런 점들이 글로벌 거너넌스의 특수한 형태로서 북한의 대중국 월경경협이 체제전환과 관련해서 줄 수 있는 시사점을 도출하는 데 일정하게 도움이 될 수 있을 것이다.

참고문헌

1. 국내문헌

오윤아 외. 2011. 『미얀마 사회문화·정치와 발전잠재력』. 서울: 대외경제정책연구원.

장준영. 2009. 「미얀마 군 수뇌부의 경쟁과 갈등: 후견-수혜관계의 변화」. ≪동남아시아연구≫, 19권 3호..

최봉대. 2011. 「북한의 지역경제협력 접근방식의 특징: 신가산제적 사인독재정권의 '혁명자금 관리제도'와 대외경제협력의 제약」. ≪현대북한연구≫, 14권 1호.

2. 국외문헌

Bechle, Karsten. 2010. "Neopatrimonialism in Latin America: Prospects and Promises of a Neglected Concept." *GIGA Working Paper*, No. 153.

Bissinger, Jared. 2012. "Foreign Investment in Myanmar: A Resource Boom but a Development Bust?" *Contemporary Southeast Asia: A Journal of International & Strategic Affairs*, Vol. 34, Issue 1.

Brownlee, Jason. 2002. "···And Yet They Persist: Explaining Survival and Transition in Neopatrimonial Regimes," *Studies in Comparative International Development*, Vol. 37 Issue 3.

Bunte, Marco. 2011. "Burma's Transition to 'Disciplined Democracy': Abdication or Institutionalization of Military Rule?" *GIGA Working Paper*, No 177.

Callahan, Mary. 2012. "The Generals Loosen Their Grip." *Journal of Democracy*, Volume 23, Number 4.

Egorov, Georgy and Konstantin Sonin. 2011. "Dictators and their Viziers: Endogenizing the Loyalty-Competence Trade-off." *Journal of the European Economic Association*, Volume 9, Issue 5.

Geddes, Barbara. 1999. "What Do We Know about Democratization after Twenty Years?" *Annual Review of Political Science*, Vol. 2.

Guangsheng, Lu and Zou Chunmeng. 2010. "Border Trade between Yunnan and Myanmar: Current Situation and Significance." in Li Chenyang and Wilhelm Hofmeister(eds.). *Myanmar: Prospect for Change*. Singapore: Konrad

Adenauer Stiftung.

Guliyev, Farid. 2011. "Personal rule, neopatrimonialism, and regime typologies: integrating Dahlian and Weberian approaches to regime studies." *Democratization*, Volume 18, Issue 3.

Hlaing, Kyaw Yin. 2009. "Setting the rules for survival: why the Burmese military regime survives in an age of democratization." *Pacific Review*, Vol. 22, Issue 3.

_____. 2012. "Understanding Recent Political Changes in Myanmar." *Contemporary Southeast Asia*, vol. 34, no. 2.

Hongwei, Fan. 2010. "China's 'Look South': Sino-Myanmar Transport Corridor." in Li Chenyang and Wilhelm Hofmeister(eds.). *Myanmar: Prospect for Change*. Singapore: Konrad Adenauer Stiftung.

Huang, Roger Lee. 2013. "Re-thinking Myanmar's political regime: military rule in Myanmar and implications for current reforms." *Contemporary Politics*, Volume 19, Issue 3.

Jones, Lee. 2013a. "The Political Economy of Myanmar's Transition." *Journal of ontemporary Asia*.

_____. 2013b. "Explaining Myanmar's Democratisation: The Periphery is Central." Paper presented at workshop on 'Challenging Inequalities: Contestation and Regime Change in East and Southeast Asia.' Murdoch University.

Kivimaki, Timo and Pedersen, Morten. 2008. "Burma: Mapping the Challenges and Opportunities for Dialogue and Reconciliation." A Report by Crisis Management Initiative and Martti Ahtsaari Rapid Reaction Facility.

Knowles, Warwick. 2005. *Jordan Since 1989: A Study in Political Economy*. London & New York: I.B. Tauris.

Kudo, Toshihiro. 2006. "Myanmar's Economic Relations with China: Can China Support the Myanmar Economy?" *IDE Discussion Paper*, No. 66.

Kudo, Toshihiro and Fumiharu Mieno. 2007. "Trade, Foreign Investment and Myanmar's Economic Development during the Transition to an Open Economy." *IDE Discussion Paper*, No. 116.

_____. 2009. "Trade, Foreign Investment and Myanmar's Economic Develop ment in the Transition to an Open Economy." in Koichi Fujita et al.(eds.). *The Economic Transition in Myanmar after 1988: Market Economy versus State Control.* Singapore: NUS Press in association with Kyoto University Press.

Leung, Suiwah et al.(eds.). 2010. *Globalization and Development in the Mekong Economie.* Cheltenham, UK: Edward Elgar.

Macdonald, Adam P. 2013. "From Military Rule to Electoral Authoritarianism: The Reconfiguration of Power in Myanmar and its Future." *Asian Affairs: An American Review*, Volume 40, Issue 1.

Messner, Dirk and John Humphrey. 2006. "China and India in the Global Governance Arena." *World Economics and Politics*, No 6.

Min, Win. 2008. "Looking inside the Burmese Military." *Asian Survey*, Vol. 48, Issue. 6.

Myoe, Maung Aung. 2011. *In The Name of Pauk-Phaw: Myanmar's China Policy since 1948*, Singapore: Institute of Southeast Asian Studies.

Nakanishi, Yoshihiro. 2013. "Post-1988 civil-military relations in Myanmar." *IDE Discussion Paper*, No. 379.

Network for Democracy and Development. 2010. "Burma: A Violent Past to a Brutal Future." http://burmacampaign.org.uk.

Network for Human Rights Documentation. 2010. "We have to give them so much that our stomachs are empty of food: The Hidden Impact of Burma's Arbitrary & Corrupt Taxation." http://www.nd-burma.org. Funded by: National Endowment for Democracy and Open Society.

Pedersen, Morten B. 2010. "Burma, the International Community, and Human Rights (with Particular Attention to the Role of Foreign Aid)." in Susan L. Levenstein(ed.). *Finding Dollars, Sense, And Legitimacy In Burma.* Washington, D.C.: Woodrow Wilson International Center for Scholars.

Peters, A. M. and Moore P. W. 2009. "Beyond Boom and Bust: External Rents, Durable Authoritarianism, and Institutional Adaptation in the Hashemite Kingdom of Jordan." *Studies in Comparative International Development*, Vol. 44, Issue. 3.

Pick, David and Htwe Htwe Thein. 2010. "Development failure and the resource curse: the case of Myanmar." *International Journal of Sociology and Social Policy*, vol. 30. no. 5/6.

Rieffel, Lex. 2012. "Myanmar on the Move: An Overview of Recent Developments." *Journal of Current Southeast Asian Affairs*, vol. 31, no. 4.

Rogers, Benedict and Jeremy Woodrum. 2010. *Than Shwe: Unmasking Burma's Tyrant*. Chiang Mai, Thailand: Silkworm Books.

Shaw, Timothy M. et al. 2009. "Emerging Powers and Africa: Implications for/ from Global Governance?" *Politikon: South African Journal of Political Studies*, Vol. 36 Issue 1.

Snyder, Richard. 1992. "Explaining Transitions from Neopatrimonial Dictatorships." *Comparative Politics*, Vol. 24, No. 4.

Steinberg, David I. 2005. "Burma/Myanmar: The Role of the Military in the Economy." Burma Economic Watch [online] http://www.businessandeco nomics.mq.edu.au.

_____. 2010. *Burma/Myanmar: What Everyone Needs to Know*. New York: Oxford University Press.

Taylor, Robert H. 2012. "Myanmar: From Army Rule To Constitutional Rule?" *Asian Affairs*, Volume 43, Issue 2.

Theobald, Robin. 1999. "So what really is the problem about corruption?" *Third World Quarterly*, Vol. 20 Issue 3.

Turnell, Sean. 2011. "Myanmar's Fifty-Year Authoritarian Trap." *Journal of International Affairs*, Vol. 65, Issue 1.

_____. 2012. "Reform and its limits in Myanmars fiscal state." in N. Cheesman et al.(eds.). *Myanmar's Transition: Openings, Obstacles and Opportunities*. Singapore: Institute of Southeast Asian Studies.

Von Soest, Christian. 2010. "Persistence and Change of Neopatrimonialism in Africa, Latin America, Southeast Asia." Paper to be presented at the workshop 'Neopatrimonialism in Various World Regions.' http://www. giga-hamburg.de.

Von Soest, Christian et al. 2011. "How Neopatrimonialism Affects Tax Admi nistration: a comparative study of three world regions" *Third World Quarterly*, Volume 32, Issue 7.

Wai, Zubairu. 2012. "Neo-patrimonialism and the discourse of state failure in Africa." *Review of African Political Economy*, vol. 39, no. 131.

Yhome, K. 2010. "The Changing Discourse on China-Myanmar Bilateral Relations." in Li Chenyang and Wilhelm Hofmeister(eds.). *Myanmar: Prospect for Change*. Singapore : Konrad Adenauer Stiftung.

3. 기타자료

이선진. 2010. 「중국의 대미얀마 전략」. ≪JPI 정책포럼≫, No. 2010-26.

_____. 2013.9.2. "중국-미얀마 가스 파이프라인 건설". ≪중앙일보≫.

BMI View. 2008a. "Referendum Causes Internal Divisions." *Asia Monitor: South East Asia Monitor Volume 1 MAY 2008*, Vol. 19 Issue 5.

_____. 2008b. "Ailing Leader Raises Risk of Internal Strife." *Asia Monitor: South East Asia Monitor Volume 1 NOVEMBER 2008*, Vol. 19 Issue 11.

_____. 2009. "2010 Elections Unsettling Regime." *Asia Monitor: South East Asia Monitor Volume 1 MAY 2009*, Vol. 20 Issue 5.

IISS. 2004. "Leadership change in Myanmar: A 'moderate' is purged." *Strategic Comments*, Volume 10, Issue 9.

International Crisis Groups. 2009. "China's Myanmar Dilemma." *Asia Report N°177*, 14 September 2009. http://www.crisisgroup.org.

_____. 2012a. "Reform in Myanmar: One Year On." *Asia Briefing N°136*, 11 April 2012. http://www.crisisgroup.org.

_____. 2012b. "Myanmar: The Politics of Economic Reform." *Asia Report N°231*, 27 Jul 2012. http://www.crisisgroup.org.

제4장

미디어와 동유럽 시민사회의 형성
: 시민혁명적 체제전환의 사례

구갑우 · 최완규

1. 문제설정

"미디어(media)가 메시지다." 매클루언(M. McLuhan)의 『미디어의 이해』(1964) 1장의 제목이다.[1] 매클루언은 미디어를 인간 정신과 육체의 확장으로 정의하면서, 미디어와 같은 '기술'에 의해 메시지, 즉 '새로운 환경'이 만들어진다는 점을 지적하고자 했다. 레닌(V. I. Lenin)도 『무엇을 할 것인가』(1901)에서 미디어의 한 형태인 전국적 정치신문을 사회주의 혁명이란 메시지를 만들어내는 '집합적 조직자'로 규정하고자 했다.[2] 역설적이지만, 탈사회주의혁명에서도 미디어는 이 집합적 조직자의 역할을 했다. 독일민주공화국, 즉 동독의 사회주의 통일당(Socialist Unity Party)의 서기장을 역임했던 울브리히트(Walter Ulbricht, 1893~1973)가 갈파

---

1) 마셜 매클루언, 『미디어의 이해: 인간의 확장』, 김상호 옮김(서울: 커뮤니케이션북스, 2011).

2) V. I. Lenin, "What Is To Be Done?: Burning Questions of Our Movement," *Selected Works*, vol. 1(Moscow: Progress Publishers, 1970).

했던 것처럼, "인민의 적은 지붕 위에 있"던 텔레비전 안테나였다.[3] 이 글의 질문은, 사회주의국가들의 체제전환 과정에서 국내·국제 '미디어'가 어떤 역할을 했는가, 보다 구체적으로는 '어떤' 미디어가 어떤 역할을 했는가이다.

사회주의국가 체제전환의 동력은 위, 아래, 외부에서 올 수 있다. 즉, 사회주의 체제전환은 지배엘리트의 선택일 수도 있고, 아래로부터의 혁명의 형태일 수도 있다. 외부로부터의 충격에 의한 체제전환도 가능하다. 이 글에서 주목하는 사례는 아래로부터의 체제전환, 즉 시민사회의 형성과 '시민혁명적 체제전환'이다. 가설은 지배연합의 미디어 독점이 해체되고 정치적 반대파가 미디어를 소유하게 되면서 시민사회가 형성되고 대중의 집합행동(collective action)이 가능했다는 것이다. 즉, 글로벌 미디어를 포함한 다양한 미디어가 시민혁명적 체제전환의 촉매역할을 하는 과정을 분석한다. 정리하면, 사회주의국가의 체제전환 과정에서 미디어와 대중의 집합행동의 관계가 연구의 대상이다. 시민혁명적 체제전환을 경험한 소련, 체코슬로바키아, 루마니아에 대한 사례분석 이후, 휴대전화를 비롯한 새로운 미디어가 확산되고 있는 북한에서 그 미디어가 가지는 효과를 추론해본다.

2. 이론 및 분석틀

사회주의국가의 체제전환을 관통하는 변수는 지배엘리트의 내적 구성

---

3) T. Goban-Klas, *The Orchestration of the Media: The Politics of Mass Communications in Communist Poland and the Aftermath*(Boulder: Westview, 1994).

과 분파적 역학관계다.4) 즉, 지배엘리트의 역사적 구성, 이념적 지향, 정치·경제적 이해관계 등의 변수가 체제전환의 형태를 결정했다. 예를 들어 폴란드와 헝가리는 지배엘리트로부터 체제전환이 추동되었고, 따라서 정치적 반대파와의 제도적 타협이 이루어졌다. 반면 소련, 동독, 체코슬로바키아에서는 지배엘리트가 아래로부터의 집합행동을 통제하지 못하면서 정치·경제체제의 근본적 변화가 발생하는 비폭력적 혁명을 통한 체제전환을 경험했다. 이 차이는 지배엘리트가 미디어를 통제할 수 있느냐의 여부 및 정치적 반대파가 미디어를 매개로 한 집합행동을 조직할 수 있었는가의 여부로 설명될 수 있다.

일반적으로 정치지도자들은 혁명의 위험을 사전에 방지하거나 또는 혁명적 상황이 도래할 경우 그 상황을 통제할 수 있을 때, 자신의 권력을 유지할 수 있다. 특히 독재자의 경우, 혁명의 위험에 노출되어 있을 가능성이 높다. 여기서 혁명은, 소련 및 동구의 체제전환에서 나타난 것처럼, 정치체제는 물론 사회경제체제의 근본적 변화를 의미한다.5) 이 근본적 변화의 심층에 놓여 있는 것이 바로 커뮤니케이션 혁명이다. 동구의 체제전환은 민주주의의 기본권 — 표현의 자유, 언론의 자유, 결사의 자유 등등 — 을 확보하기 위한 커뮤니케이션 혁명이었다고 할 수 있다.6) 다음은 『독재자의 핸드북』에서 제시하는 독재자와 독재자의 권력을 위협하는 혁명의 관계를 정리한 내용이다.7)

---

4) 최완규·최봉대, 「사회주의 체제전환방식의 비교연구」, 윤대규 엮음, 『사회주의 체제전환에 대한 비교연구』(파주: 도서출판 한울, 2008).

5) S. Saxonberg, *The Fall: A Comparative Study of the End of Communism in Czechoslovakia, East Germany, Hungary and Poland*(London: Routledge, 2003), p. 5.

6) S. Splichal, *Media beyond Socialism*(Boulder: Westview Press, 1994).

7) 데 메스키타·스미스, 『독재자의 핸드북』, 이미숙 옮김(서울: 웅진지식하우스,

① 유능한 지도자는 언제나 국민보다 핵심 지지자의 욕구를 중요시한다.

② 변절한 연합 때문에 발생하는 위험만큼 흔하지는 않으나 국민이 집단으로 시위에 나서는 경우 국가권력까지 전복될 수 있다. 따라서 혁명의 위험을 미연에 방지하거나 여기 대처하는 방법은 독재자와 장래의 혁명가들이 익혀두어야 할 중대한 교훈이다.

③ 독재국가의 국민들은 부당한 대우를 받는다. 그런데 어찌해서 오랫동안 극심한 고통을 감내하던 국민이 느닷없이 집단으로 반정부 시위를 일으키는 것일까? 그것은 중대한 순간, 즉 티핑포인트를 발견했기 때문이다. 다시 말해 기존 정부 밑에서는 앞으로의 삶이 못내 고통스러울 것으로 예상되므로 의심의 여지 없이 명백한 반란의 대가를 치르더라도 위험을 무릅써야 할 시점을 발견하는 것이다. 이때 국민은 반란의 선봉에 나선 소수의 사람들이 성공을 거두고 평범한 사람의 삶을 개선해줄 확률이 높다고 믿어야 한다.

④ 그러나 이 전환점은 독재자에 의해 사전 봉쇄될 수 있다. 하나는 민주주의를 확대함으로써 반란을 꿈꾸지 않을 만큼 국민을 부유하게 하는 것이다. 다른 하나는 독재를 강화함으로써 반정부 시위가 성공할 기회를 빼앗는 한편 국민을 더욱 궁핍하게 하는 것이다.

⑤ 그러나 무엇보다도 중요한 것은 군부와 같은 핵심 지지자들이 중대한 순간에 대중의 집합행동을 진압하지 않을 때, 아래로부터의 혁명은 성공하게 된다. 즉, 지배연합이 독재자에 대한 지지를 철회하는 순간이 독재자에게는 가장 위험한 순간이라 할 수 있다.

그렇다면 두 가지 질문이 생긴다. 첫째, 어떻게 집합행동이 발생하는가

이다. 둘째, 집합행동이 발생했을 때, 왜 지배연합의 분파는 독재자에 대한 지지를 철회하는가이다. 미디어는 독재를 가능하게 하는 수단이지만, 동시에 정치적 반대파가 미디어를 손에 넣었을 때 미디어는 집합행동을 만들어내는 매개체로 작동하게 된다. '미디어 종속이론(theory of media dependency)'을 동유럽 사회주의국가에 적용한 연구에 따르면,[8] 체제전환기에 시민들은 정보의 수집을 위해 대중미디어에 더 많이 의존하게 되고, 따라서 대중미디어에 의해 영향을 받을 가능성이 높아진다고 한다. 즉, 미디어는 현실에 대한 인식을 구조화함에 더욱 큰 힘을 발휘하는 집합적 조직자의 역할을 한다는 것이다. 다른 한편 미디어는 지배연합에게 어떻게 행동해야 하는가를 알려주는 역할도 수행한다. 지배연합도 미디어를 통해 상황을 읽고 해석한다. 지배연합 내부의 균열은 체제전환을 가능하게 한 결정적 요인이었고, 이는 사회운동세력이 만들어낸 집합행동에 의해 촉진되었다.

일반적으로 미디어와 집합행동의 관계는 다음과 같이 설정될 수 있다.[9] 저항과 시위는 대중미디어와 강력한 행위자에 의해 매개된 설득에서 시작된다. 권력을 가지고 있지 못한 행위자들은 자신들의 목표를 실현하기 위해 다양한 집단의 지지를 동원해야 한다. 정치적 결정에 직접적 이해관계를 가진 사람들이 저항과 시위의 유권자들(constituency)이다. 이 유권자들 중에서 행동을 유도할 리더십이 등장한다. 대중미디어는 그들의 메시지를 전파한다. 처음에 이 메시지는 준거대중(reference public)에

8) M. Loveless, "Media Dependency: Mass Media as Sources of Information in the Democratizing Countries of Central and Eastern Europe," *Democratization*, 15: 1(2008).

9) D. Porta and M. Diani, *Social Movements: An Introduction*(Oxford: Blackwell, 2006).

게 전달된다. 준거대중이야말로 진정한 저항과 시위의 목표물이다. 성공하기 위해서, 저항과 시위는 긍정적 자극을 산출해야 하는데, 결정이 이루어지는 장에서 더 많은 자원을 투자할 수 있는 이들의 공감을 사야 한다. 이미 권력을 보유한 집단의 집합행동이 직접적으로 의사결정자를 겨냥한다면, 권력을 가지지 않은 사람들은 의사결정자에게 영향을 미칠 가능성이 높은 이들과의 연계를 추구해야 한다. 사회운동에 의해 발휘되는 영향은 긍정적이거나 부정적일 수 있다. 사회운동의 대의에 대한 공감을 창출하면서 무질서를 창출하는 것으로 위협을 가할 수 있다. 대중미디어와 커뮤니케이션 채널은 사회운동세력에게 특히 중요한데, 그 이유는 여론을 다루는 능력이야말로 사회운동의 행동에 결정적 구성요소이기 때문이다.

독재자가 미디어를 독점하고 있음에도 정치적 반대파가 미디어를 통해 시민혁명적 체제전환을 할 수 있게 되었던 것은 정치지형의 변화뿐만 아니라 미디어의 기초가 되는 기술의 변화 때문이기도 했다.[10] 새로운 기술이 도입되면서 독재자가 통제할 수 없는 상황이 발생하게 된 것이다. 예를 들어 소련의 체제전환기에 팩스(fax)의 역할에 주목할 수 있다. 현대 세계에서는 인터넷이나 휴대전화 등의 새로운 기술에 기초한 미디어가 독립적인 '시민언론(citizen journalism)'을 가능하게 하면서, 독재정권이

---

10) 1956년 폴란드, 1958년 헝가리, 1968년 체코에서 정치적 긴장 이후, '관용적 억압(tolerant repression)'으로 나아가는 과정에서도 라디오와 텔레비전과 같은 새로운 기술에 기초한 미디어의 출현이 영향을 미치기도 했다. 1970년대와 1980년대에는 컴퓨터와 같은 새로운 기술과 미디어가 등장하면서 저항언론의 생산이 용이해지기도 했다. M. Sukosd, "From Propaganda to 'Oeffentlichkeit' in Eastern Europe: Four Models of Public Sphere under State Socialism," *Praxis International*, 10: 1-2(1990).

나 권위주의적 지배자와 민중의 투쟁에서 영향력을 행사하고 있다. 소련의 해체 이후 독립한 우크라이나에서 2004~2005년에 발생한 '오렌지 혁명(Orange Revolution)'은 민주화를 위한 집합행동에서 인터넷, 휴대전화, 트위터(twitter) 등 글로벌 미디어와 시민언론의 역할을 주목하게 한 사건이었다.11)

3. 사례1: 소련

냉전체제는 미국과 소련의 핵억지에 의해 유지되는 공포의 균형이었지만, 동시에 서로의 억지력을 인정한 협력게임이었다. 미소를 대표로 하는 양 진영은, 냉전체제하에서 군비경쟁은 물론 '복지경쟁(welfare race)'을 하면서 자신들의 체제에 대한 '산출 정당성(output legitimacy)'을 확보하려 하기도 했다.12) 게임이론의 용어를 빌리면, 반복되는 수인의 번민게임에서 미소는 상호주의(reciprocity)의 실현을 통해 안정적 협력을 하고 있었다고 평가할 수 있다.13) 반복되는 수인의 번민게임의 안정성은 냉전체제의 해체를 예견하게 할 수 없게 만든 요인이기도 했다. 소련에서 고르바초프(M. S. Gorbachyov)의 집권을 전후로 개혁(perestroika)과 개방(glasnost)의 움직임이 있음이 포착되었지만, 경로의존적 사고를 하던 미국의 군부 지도자들은 소련의 붕괴를 예측할 수 없었다. 반복되는 수인의 번민게임

11) J. Curry, "Revolutionary Reporting: The Media, Democratization, and Eastern Europe," *Harvard International Review*, Vol. 32, No. 3(2010). p. 57.

12) H. Obinger and C. Schmitt, "Guns and Butter? Regime Competition and the Welfare State during the Cold War," *World Politics*, 63: 2(2011).

13) 로버트 액설로드, 『협력의 진화』, 이경식 옮김(서울: 시스테마, 2009).

을 통해 유지되는 그들의 기득권이 냉전의 해체에 대해 심리적으로 저항
하게 만들었다고 할 수 있다.[14]

　1985년 3월 소련에서는 고르바초프가 공산당의 서기장으로 임명되었
다. 고르바초프의 등장으로 지배연합 재편의 움직임은 있었다고 할 수 있
다. 즉, 제한적이었지만 위로부터의 체제전환이라 할 수 있는 개혁과 개
방을 추진했다. 그리고 그 시점에 아래로부터의 반체제운동도 시작되었
다. 1986년 12월 소연방에 속해 있던 발트 3국 가운데 하나인 라트비아에
서는 '헬싱키-86'이라는 인권운동단체가 최초로 공개적인 반공산주의운
동을 전개했다. 이 단체의 이름은 1970대 초 유럽의 평화과정에서 탄생
한 헬싱키 협정에서 유래한 것이었다. 헬싱키 협정은 정치군사적·경제적
측면에서 냉전의 해소와 더불어 거주이전의 자유나 가족의 재결합과 같
은 인도주의적 권리를 그 내부에 장착하고 있었다. 냉전시대 미소 양 진
영이 합의한 헬싱키 협정은 의도하지 않게 소련 및 동구 사회주의국가에
서 시민사회의 재탄생을 추동한 요인 가운데 하나였다고 할 수 있다.[15]

　미디어 및 미디어 기술과 관련하여 주목되는 것은 고르바초프가 집권
초기부터 추진한 컴퓨터 기술에 기초한 경제발전이었다. 1986년부터 개
혁정책과 함께 시작된 제12차 5개년 계획에서는 무엇보다도 정보혁명을
야기할 수 있는 과학기술을 강조하고 있었다. 고르바초프가 등장한 시점
에 정보기술에 기초한 경제발전을 위한 토대는 허약한 수준이었기 때문
이다. 컴퓨터를 경제발전의 수단이 아니라 인민에 대한 국가의 통제를 위
협하는 수단으로 본 소련은 1962년 과학아카데미의 컴퓨터부를 없앴고,

---

14) P. Schwartz, *The Art of the Long View*(New York: Doubleday, 1996), ch. 5.

15) 구갑우, 『국제관계학 비판: 국제관계의 민주화와 평화』(서울: 후마니타스, 2008),
　　11장.

1988년 당시 소련의 개인용 컴퓨터는 20만 대에 불과했으며, 개인용 컴퓨터와 프린터의 사용은 엄격하게 제한된 상태였다.[16] 같은 시기 미국의 개인용 컴퓨터는 2,500만 대 정도였다. 소련은 고르바초프 집권 전까지 사실상 개인들이 개인용 컴퓨터를 소유하는 것이 불가능한 사회였다.[17]

소련의 컴퓨터 기술의 후진성은 냉전체제하에서 상대국인 미국과 대조하여 주목의 대상이다. 이것은 정치체제의 차이가 낳은 결과로 해석될 수밖에 없다. 그럼에도 미국이 1950~1960년대에 "핵전략의 기술적인 필요"를 충족시키기 위해 "분산적인 커뮤니케이션의 경로와 이를 관리하는 프로토콜이라는 집중의 관리방식이 결합된" '인터넷'을 발명한 것과는 대조된다.[18] 인민에 대한 통제를 다른 가치보다 우선시했던 소련의 정치체제가 낳은 결과였다. 소련 정부는 컴퓨터를 가진 개인들이 프린터를 소유하여 반정부적 '지하언론(samizdat)'을 생산하는 것에 두려움을 가지고 있었다.[19] 이 지하언론은 BBC, Deutsche Welle, Voice of America, Radio Free Europe 등의 국제미디어와 더불어 소련 및 동구의 체제전환을 추동한 미디어였다. 실제로 서구사회는 잉크와 컴퓨터를 제공하는 방식으로 이 지하언론의 활성화에 기여하기도 했다. Radio Free Europe은

---

16) 현원복, 「소련의 과학기술정책」, ≪중소연구≫, 13: 2(1989), pp. 157~159.

17) 1988년경 소련 컴퓨터의 대략 40%가 수입품이었고, 대부분의 소프트웨어는 서구 프로그램의 해적판이었다고 한다. 그리고 프린터, 도형기, 외장 메모리는 특히 획득하기 어려웠다. 소련은 일반 사용자를 무시하는 인프라를 가지고 있었고, 이는 가장 큰 실패라고 평가된다. M. Curtis, "Catalyzing the Collapse: The Computer and the Fall of the Soviet Union," 2006 AHS Capstone Projects, Paper 15(2006); http://digitalcommons.olin.edu/ahs_cpastone_2006/15.

18) 최인호, 「냉전과 인터넷 커뮤니케이션의 구조: 정보기술의 국제정치적 구성」, ≪세계정치≫, 18(2013).

19) M. Curtis, 같은 글.

미국의 중앙정보국(CIA)이 지원하는 미디어이기도 했다.[20]

고르바초프가 개혁과 개방을 위해 도입한 컴퓨터를 비롯한 새로운 정보기술은 의도하지 않게 정치적 반대파를 조직화하는 미디어의 역할을 했다. 소련의 기존 정치권력은 미디어의 국가소유와 정보의 국가독점을 유지하고자 했으나, 정치적 반대파들의 새로운 미디어 활용을 통제할 수는 없었다. 개인용 컴퓨터가 확산되면서 프린터가 없더라도 테이프나 디스크와 같은 미디어를 통해 정보를 저장하고 전달하는 것이 가능했다. 특히 '팩스(fax)'는 소련의 체제전환에서 중요한 역할을 수행했다. 팩스는 문건을 디지털화하고, 전기적으로 전송하며, 복사할 수 있는 미디어다. 팩스는 전화와 달리 높은 영향력을 가질 수 있었는데, 그 이유는 시간당 일정한 작업량이 높기 때문이다. 또한 다수의 사람들이 복사를 할 수 있는 미디어다. 그리고 낮은 비용과 전화선을 이용할 수 있다는 이점 때문에 팩스는 네트워크화된 컴퓨터보다 소련에서 영향력이 높은 미디어였다.[21]

정치적 반대파뿐만 아니라 개방을 주창한 소련공산당 내부의 개혁주의자(reformist)도 국가가 독점하면서 권력의 도구로 활용되고 있는 미디어를 공공영역과 시민사회 그리고 참여민주주의를 위한 요소로 전환하려는 의도를 가지고 있었다.[22] 고르바초프 집단의 급진파에게 개혁은 민주

---

20) J. Curry, "Revolutionary Reporting: The Media, Democratization, and Eastern Europe".

21) 미디어로서 컴퓨터와 팩스는 M. Curtis, "Catalyzing the Collapse: The Computer and the Fall of the Soviet Union" 참조.

22) D. Ferguson, "From Communist Control to *Glasnost* and Back?: Media Freedom and Control in the Former Soviet Union," *Public Relations Review*, 24: 2(1998), p. 171.

주의를 의미했고, 개방은 언론과 표현의 자유를 상징했다. 1986년 모든 미디어를 관리하는 소련공산당 중앙위원회 선전부장이 된 야코블레프(A. Yakovlev)는 개방이 없다면 개혁은 파멸할 것이라고 말한 바 있다. 야코블레프는 '작은 불꽃(little flame)'이란 의미의 대중적 주간지인 ≪오고뇨크(Ogonyok)≫의 스탈린주의적 편집인을 교체하여, 가장 반동적인 출간물을 개방의 선구자로 만들기도 했다. 또한 반스탈린주의적 소설과 영화에 대한 검열을 해제하기도 했다. 물론 1920년대 레닌의 신경제정책(New Economic Policy)을 개혁의 준거로 인용하고 있던 고르바초프가 야코블레프의 도덕주의적 개혁에 전적으로 동의한 것은 아니었다. 고르바초프 집단 내부의 균열은 소련의 붕괴를 야기한 결정적 요인이었다고 할 수 있다.[23]

고르바초프 집권부터 1991년 8월 지배계급의 분열을 드러낸 보수 세력의 쿠데타 이전까지, 소련의 대표적 신문인 ≪프라우다(Pravda)≫와 텔레비전 뉴스프로그램인 <브레먀(Vremya)>가 어느 정도 언론의 자유를 누리고 있었다. 텔레비전에서 검열이 이루어지지 않은 프로그램이 송출되기도 했고, 1989년에는 서구 언론 CNN이 모스크바에 지국을 설치하기도 했다. 1991년 8월 쿠데타 이후 쿠데타 세력의 집결체인 '국가비상사태위원회(Committee for the Emergency Situation in the Country: GKChP)'

---

23) 야코블레프의 활동에 대해서는 L. Aron, "The 'Mystery' of the Soviet Collapse," *Journal of Democracy*, 17: 2(2006) 참조. Aron의 논문은 소련의 붕괴를 예측하지 못했던 국제정치학을 비판하면서 야코블레프 등이 수행한 '도덕적 명령(moral imperative)'에 주목한다. 구성주의적 시각에서 고르바초프 집단 내부에 주목하면서 국제정치학의 현실주의와 자유주의가 냉전해체를 설명하지 못한다고 비판하는 글로는 V. Kubálková, "Soviet 'New Thinking' and the End of the Cold War: Five Explanation," in V. Kubálková(ed.), *Foreign Policy in a Constructed World*(London: M.E. Sharpe, 2001) 참조.

는 관영 통신사인 '타스(TASS)'를 장악하고, 그 통신을 통해 고르바초프의 사임을 일방적으로 발표했다. 당시 고르바초프는 크림 반도에서 휴가를 보내고 있었다. 1917년 사회주의혁명이 발생했을 때 볼셰비키가 페테르부르크의 중앙전신국을 장악한 것처럼, 1991년 쿠데타 때도 보수 세력은 미디어를 가장 먼저 점령했다.

그러나 쿠데타 세력은 과거처럼 미디어를 독점할 수 없었다. 첫째, 그들은 새로운 기술에 기초하여 실시간으로 정보를 전달하는 해외언론을 통제할 수 없었다. 둘째, 고르바초프 집권 시기에 소련의 미디어는 언론의 자유를 경험한 상태였다. 1987년 1월 처음으로 소련의 반(半)공식 언론매체에서는 《타임스(The Times)》, 《타임매거진(Time magazine)》, 《인터내셔널 헤럴드 트리뷴(International Herald Tribune)》, 로이터(Reuters) 등의 기사를 요약한 기사가 게재되기도 했다.24) 셋째, 비공식적인 커뮤니케이션 채널은 쿠데타 당시 이미 상당한 수준이었다. 특히 팩스의 광범위한 확산이 이를 가능하게 했고, 이메일 네트워크도 부분적으로 작동하고 있었다. 1989년 도입된 최초의 컴퓨터 네트워크인 렐컴(Relcom)도 역할을 했다고 한다.25) '입소문(word-of-mouth communication)'도 쿠데타 세력이 통제할 수 없는 미디어였다.26) 미디어를 통제하지 못하는 상황에서 보수 세력의 쿠데타는 시민적 저항에 직면할 수밖에 없었고,

---

24) *The Times*, January 3, 1987.

25) M. Curtis, "Catalyzing the Collapse: The Computer and the Fall of the Soviet Union".

26) 소련에서는 문학도 '진실한' 정보를 얻는 효과적인 수단 가운데 하나였다고 한다. 솔제니친과 같은 반체제 작가의 글을 읽는 행위는 자국 사회에 대한 진실한 정보를 얻을 수 있는 수단이었다. K. Rogerson, "The Role of the Media in Transitions from Authoritarian Political Systems: Russia and Poland Since the Fall of Communism," *East European Quarterly*, XXXI: 3(1997), pp. 337~338.

결국 쿠데타는 3일 천하로 끝나게 된다. 이후 1991년 12월 소련은 해체
되었다.

4. 사례2: 체코슬로바키아

폴란드, 헝가리, 체코슬로바키아, 동독, 불가리아, 루마니아 등 동구 사
회주의국가들의 체제전환 과정에서는 다원주의의 도입을 위한 실험이라
할 수 있는 '원탁회의(roundtable talks)'가 개최되었다. 원탁회의는 공산
당과 다양한 정치적 반대파가 함께 참여하여 공산당의 권력독점을 해체
하고 체제전환의 형태를 결정하는 역할을 했다. 원탁회의는 성립 그 자체
가 사회주의국가가 다원주의로의 길로 접어들었음을 의미하는 것이기도
했다. 평화적 방법에 의한 체제전환을 주도한 원탁회의는 '민주주의 학
교'로 평가될 정도다.[27] 동구 사회주의국가 가운데 체제전환의 과정에서
최초로 원탁회의를 도입한 국가는 1989년 1월 폴란드였다.

　1989년 초중반 체코슬로바키아는 폴란드나 헝가리와 달리 점진적인
정치적 자유화를 경험하지 않은 상태였다. 1988년 8월, 1968년 프라하
의 봄에 대한 바르샤바조약기구의 침공을 규탄하는 시위가 있었고, 1988
년 10월 수상에 임명된 아다메츠(L. Adamec)가 중공업 중심의 경제노선
을 수정하겠다는 의사를 밝히기도 했지만, 정치적 자유화가 이루어진 것
은 아니었다. 1989년 1월 인권문제를 둘러싼 시위 이후에는 정치적 반대
파의 지도자인 하벨(V. Havel)이 다시금 투옥되기도 했다. 1989년 10월

---

27) 정흥모, 『체제전환기의 동유럽 국가 연구: 1989년 혁명에서 체제전환으로』(서
　울: 도서출판 오름, 2001), 94쪽.

동독에서 민주화를 위한 시위가 전개되고 동독정권의 붕괴가 임박했음에
도, 체코에서는 정치적 반대파와 시위대에 대한 탄압이 지속되었다. 극적
인 반전인 비폭력혁명을 의미하는 '벨벳혁명(velvet revolution)'은 1989
년 11월 17일 시작되었다.[28]

　벨벳혁명의 시작은 학생들의 시위였다. 공식적으로 금지되었지만, 학
생들은 나치에 의해 숨진 학생들의 50주년 장례식을 수도 프라하에서 감
행했다. 경찰의 폭력적 진압으로 한 학생이 숨졌다는 소식이 '소문'으로
빠르게 전파되면서 시위는 격화되었다. 그러나 마틴 스미드(Martin Smid)
라는 이 학생은 순교자가 되었지만 사실 사망하지는 않았다고 한다. 체코
의 정치적 반대파는 분열되어 있었고 무엇을 할 것인가에 대한 계획도 가
지고 있지 않은 상태에서, 학생운동이 벨벳혁명의 도화선이 되었다고 할
수 있다. 학생들의 시위에 체코 정부는 폭력적 진압으로 맞섰고, 그 과정
에서 다양한 정치적 반대파가 결집될 수 있었다. 벨벳혁명은 몇 단계를
거치며 진행되었다.[29]

　첫째, 시위가 계속되는 과정에서 11월 19일 정치적 반대파의 광범위
한 연합조직인 '시민 포럼(Civic Forum)'과 그 포럼의 자매조직인 '반폭력
대중(Public Against Violence)'이 각각 체코와 슬로바키아에서 결성되었
다. 이 두 조직은 민주화와 시민적 자유의 실현이라는 의제에 대해서는
통일성을 유지할 수 있었지만, 경제정책의 향방과 관련되어서는 체코와
슬로바키아의 갈등 때문에 합의를 만들 수 없었던 연합이었다.[30] 벨벳혁
명 이후, 결국 이 연합은 붕괴되었고 체코와 슬로바키아가 분리된다.[31]

---

28) 벨벳혁명은 '신사혁명(gentle revolution)'으로 불리기도 한다.

29) 벨벳혁명의 진행과정에 대한 상세한 일지는 R. East, *Revolutions in Eastern Europe*
　　(London: Pinter, 1992), pp. 56~59 참조.

30) 같은 책, p. 47.

둘째, 시민 포럼과 정부의 대화가 시작되면서 혁명의 두 번째 단계가 시작된다. 시민 포럼은 사회주의당(Socialist Party), 인민당(People's Party) 등과 함께 공산당에 대화를 제안했다. 11월 21일 공산당이 이를 수용했다. 11월 29일 의회는 공산당의 '지도적 역할(leading role)'을 규정한 헌법조항을 폐기했고, 비공산주의자들이 정부에 참여하기도 했다. 특히 11월 29일 이후 '체코 라디오(Czech radion)'의 방송시간을 보장받은 시민 포럼과 반폭력 대중은 공산당과 정부에게 더 많은 양보를 요구했다.[32] 그러나 당시까지만 해도 시민사회가 경찰과 군대와 같은 폭력적 국가장치를 장악하지 못한 상태였다. 국가는 폭력적 국가장치를 통해 시민의 시위를 제압할 수 있었다.

셋째, 12월 3일 공산주의자가 다수를 차지한 정부가 구성되자 대규모 시위가 재개되었다. 시민 포럼과 반폭력 대중은 더 많은 변화를 요구했다. 12월 10일 비공산주의자가 다수를 이룬 정부가 구성되었다. 12월 17일 오스트리아와의 국경이 개방되었고, 철조망을 자르는 행사가 진행되기도 했다. 사실상 체코 공산당은 시민사회단체의 주장을 거의 수용했다. 동구 사회주의국가 가운데 가장 예외적인 선택이었다. 1989년 12월 30일 시민 포럼의 지도자 하벨이 연방의회에서 만장일치로 대통령으로 선

---

31) 1991년 4월 '반폭력 대중'에서 '민주 슬로바키아 운동(Movement for a Democratic Slovakia)이라는 분파가 형성되면서 반폭력 대중은 분열되었다. 이후 1992년 11월 반폭력 대중은 기능을 정지했다. 결국 1993년 1월 1일 체코와 슬로바키아는 공식적으로 분리되었다. 이 분리과정에 대해서는 진승권, 『동유럽 탈사회주의 체제개혁의 정치경제학 1989~2000년』(서울: 서울대학교출판부, 2003), 312~314쪽 참조.

32) T. Judt, "Metamorphosis: The Democratic Revolution in Czechoslovakia," in I. Banac, *Eastern Europe in Revolution*(Ithaca: Cornell University Press, 1991), p. 99.

출되었다. 벨벳혁명의 사실상의 종료였다. 그리고 1990년 1월 보안경찰 (Statni Bezpecnost)이 해체되었다. 1990년 2월 하벨은 소련을 방문해 고르바초프와 회담을 가졌고, 고르바초프는 1968년 침공에 대해 사과하고, 1991년 7월까지 소련군을 철수할 것을 약속했다. 3월 언론, 집회, 결사의 자유를 보장하는 새로운 법률이 입법되었다. 1990년 6월에 1946년 이후 처음으로 다당제 선거가 실시되었고, 시민 포럼과 반폭력 대중이 다수를 차지했다. 7월 5일 하벨은 대통령으로 재선되었다.

벨벳혁명에서 미디어와 관련하여 주목되는 것은, 학생과 지식인 중심으로 구성된 정치적 반대파가 노동자계급의 지지를 획득하는 과정, 즉 집합행동을 확산시키는 과정이었다.[33] 그들은 공장을 직접 방문해서 시위 과정에서 무슨 일이 발생했는가를 설명하고자 했다. 그러나 지식인과 학생들이 공장에 직접 들어가는 것은 쉬운 일이 아니었다. 학생들은 공장방문에 유명한 영화배우들과 함께했다. 노동자들은 학생들을 신뢰하고 있지 않았지만, 대중문화의 우상들에 대해서는 환호했다. 지식인들과 학생들은 노동자들의 총파업을 이끌어내고자 했다. 결국 11월 27일 노동자의 60%가 전국적으로 두 시간에 걸친 총파업을 했다. 집합행동은 지식인과 노동자가 연대할 때, 가장 큰 파급효과를 발휘할 수 있었다. 또한 경찰의 탄압은 보다 많은 수의 노동자들이 시위에 참여할 수 있게 만든 계기이기도 했다.

또한 집합행동의 확산을 위해서는 정보를 확산하는 것이 중요했다. 유명 배우들과 함께하는 것과 더불어 정치적 반대파들은 다양한 미디어를 활용하기 시작했다. 체코의 정치적 반대파들은 1968년 프라하의 봄 때도

---

33) 이하의 미디어와 관련한 주요 내용은 T. Judt, "Metamorphosis: The Democratic Revolution in Czechoslovakia"; J. Curry, "Revolutionary Reporting: The Media, Democratization, and Eastern Europe"을 정리한 것임.

다양한 미디어를 통해 자신들의 정치적 의사를 개진하고 집합행동을 조
직한 바 있었다.[34] 체제전환 시기 정치적 반대파들은 서구의 라디오와 전
화를 통해 접촉했고, 그 방송은 체코 전역에 보도되었다. 대표적인 서구
의 미디어 가운데 하나가 '미국의 소리(Voice of America)'였다. 또한 학생
들은 정부의 공식 조직인 '사회주의청년동맹(Socialist Youth Union: SSM)'
의 라디오, 복사기, 팩스 등의 미디어를 활용했다. 또한 대학도 학생들에
게 시설을 제공했고, 대학교수들은 학생들의 선언문을 다른 외국어로 번
역하여 '서구 미디어'에 전파하는 역할을 하기도 했다. 공장을 방문하는
학생들은 정치적 폭력과 관련한 '비디오 필름'을 공장에서 보여주기도
했다. 다른 커뮤니케이션 채널은 체코 공산당의 친구정당이었던 여러 정
당들의 시설이었다. 사회주의당 중앙위원회(Socialist Party Central Com-
mittee)는 시위를 폭력적으로 진압하는 경찰을 비난했고, 당 기관지에 정
치적 반대파를 지지하는 글들을 자유롭게 싣기도 했다. 또한 정치적 반대
파들이 사회주의당의 발코니에서 자유롭게 발언하는 것을 허용하기도 했
다. 결국 공산당이 장악하고 있던 텔레비전에서도 정권과 독립적으로 뉴
스를 보도하게 되었다.

간략한 기술이지만, 체코의 비폭력적 혁명에서도 두 가지 요소를 관찰
할 수 있다. 첫째, 정치적 반대파가 국가가 독점하던 공중파 라디오를 활
용할 수 있게 되면서 집합행동은 더욱 조직화되었고, 체제전환에 대한 요
구도 가속화되었다. 소련에서와 마찬가지로 전화, 팩스, 복사기, 필름 등
이 집합행동을 위한 미디어로 활용되었다.

둘째, 집권 공산당 내부의 분열, 즉 지배연합의 붕괴는 대중의 집합행

34) M. Hopkins, *Mass Media in the Soviet Union*(New York: Western Publishing
Company, 1970), p. 339.

동을 통제할 수 있는 기능을 상실하게 한 결정적 요인이었다. 체코공산당은 시위를 군대를 동원하여 무력으로 진압할 수 있었지만 그렇게 하지 않았다. 체코의 군부는 폴란드와 같은 쿠데타를 제안했지만 당중앙위원회는 그 제안을 거부했다고 한다. 체코공산당에서도 개혁파는 보수파와 달리 벨벳혁명 이후에도 정치적 활동을 할 수 있었다. 체코의 체제전환은 다원주의적 정치체제에 대한 아래로부터의 요구가 원탁회의를 통해 수용되면서 실현되었다.35)

5. 사례3: 루마니아

다른 동구 사회주의국가에서 체제전환이 발생하고 있던 시점인 1989년 11월 20일부터 24일까지 루마니아에서는 공산당대회가 개최되었다. 이 대회에서는 차우셰스쿠(N. Ceauşescu)가 공산당 서기로 재선출되었다. 동구 사회주의국가의 체제전환 흐름에 역행하는 조치였다. 당시 고르바초프의 소련공산당은 사회주의국가 사이의 '경험의 교환'을 요구하는 메시지를 보내는 방식으로, 차우셰스쿠 정권의 반개혁적 태도를 비판하기도 했다.36) 그러나 갑작스럽게 차우셰스쿠 정권은 몰락했다. 공산당대회한 달 후인 1989년 12월 25일 차우셰스쿠는 도망 중 체포되어 사형을 당했다. 소련 및 동구 사회주의국가의 체제전환의 전파효과라 할 수 있지만, 루마니아의 체제전환에는 루마니아의 특수적 요소들이 담겨 있었다.

1989년 12월 15일 루마니아의 '변방'인 티미쇼아라(Timişoara)에서

---

35) 정흥모, 『체제전환기의 동유럽 국가 연구』, pp. 99~100.

36) R. East, *Revolutions in Eastern Europe*, p. 151.

루마니아 내의 소수파인 헝가리 인종을 차별하는 것에 반대하는 시위가 발생했다. 비무장의 시위였다. 차우셰스쿠의 퇴진을 요구하는 시위로 비화되었지만, 군부는 총격을 가하는 것에 반대했고, 결국 시위는 진압되었다. 시위가 재발하자 비밀경찰(Securitate)의 지휘하에 군부는 시위대에 대해 총격을 가했다. 약 100명의 시민이 사망했다. '소문'은 1,000여 명이 사망한 것으로 확대되어 유포되었다. 티미쇼아라는 비밀경찰의 야만성이 드러난 상징적 지역이 되었다.

티미쇼아라는 유고슬라비아 및 헝가리와 국경을 맞대고 있는 지역이었다. 그래서 유고슬라비아와 헝가리의 '텔레비전' 프로그램을 시청할 수 있는 지역이었다. 극심한 경제적 어려움을 겪고 있던 이 지역에서는 외국의 텔레비전 방송을 통해 다른 동구 사회주의국가에서 일어나고 있던 체제전환을 보다 빠르게 알 수 있었다. 티미쇼아라에서 발생한 시위는 루마니아의 수도 부쿠레슈티로 전해졌는데, 그 매개체는 바로 '국제 미디어', 티미쇼아라에 파견되었던 '예비군' 그리고 그 뉴스를 '전화'를 통해 알린 철도 노동자였다.[37]

12월 21일 공산당 본부의 발코니에서 차우셰스쿠의 연설 도중 차우셰스쿠의 하야를 요구하는 군중들의 시위가 발생하자 비밀경찰은 다시금 총격을 가했다. 임금인상을 발표했음에도 시위가 발생했다는 점은 유례가 없는 사건으로 기록될 수 있을 것이다. 차우셰스쿠가 다시금 대중연설을 시도했을 때, 군부는 차우셰스쿠의 편을 들지 않고 시위대에 가담했다. 지배연합의 분열이었다. 12월 22일 루마니아의 혁명은 대중봉기의 형태로 나타나기 시작했다. 시위대에 총격을 가하는 것에 반대했던 국방

---

37) K. Verdery and G. Kligman, "Romania after Ceausescu: Post-Communist Communism," in Ivo Banac, *Eastern Europe in Revolution*(Ithaca and London, 1992), pp. 118~119.

장관은 차우셰스쿠 경호대의 총격으로 사망하기도 했다. 그러나 비밀경찰은 차우셰스쿠에게 충성을 다했다. 군부와 비밀경찰의 충돌이 발생하기도 했다.

12월 23일 군부와 정치적 반대파는 공동으로 '민족구국전선(National Salvation Front)'을 조직했다. 루마니아 체제전환의 핵심적 특징이 바로 여기에 있었다. 지배연합이 분열하면서 그 일부가 정치적 반대파에 참여한 것이다. 방송국에서 군부와 정치적 반대파의 지도자들은 텔레비전을 통해 자유선거를 요구했다. 미디어의 효과적인 활용이었다. 그러나 비밀경찰의 엘리트 부대들은 무차별적으로 공격을 감행하면서 차우셰스쿠 정권을 유지하기 위해 끝까지 저항하기도 했다. 12월 25일 결국 도피했던 차우셰스쿠 부부는 체포되어 즉결 재판을 통해 처형되었다.

12월 26일 차우셰스쿠의 시체를 담은 '비디오 필름'이 텔레비전을 통해 공개되자 루마니아 전역에서 시위가 잠잠해지기 시작했다. 수천 명으로 추정되었던 사망자 수는 공식적으로 1,033명으로 발표되었다.[38] 시민혁명적 체제전환 과정에서 '소문'의 역할을 다시금 생각하게 하는 부분이다. 12월 26일 새로운 정부가 구성되었고, 대표를 맡은 두 인물은 공산주의자들이었다. 12월 28일 민족구국전선은 소수인종의 권리보장, 종교의 자유, 낙태의 허용, 시장경제로의 전환 등을 담은 헌법 개정을 발표했고, 자유선거를 실시할 것을 약속했다. 그러나 1990년 1월 다시 시위가 발생했고, 시위대는 공산주의자의 퇴진을 요구했다. 민족구국전선 내부에도 균열이 발생하기 시작했고, 공산주의자들을 조직에서 축출하는 일이 벌어졌다. 1990년 3월 자유선거가 실시되었고, 민족구국전선이 압도적 다수를 획득했다. 그리고 급격한 시장경제로의 전환을 위한 계획이

---

38) R. East, *Revolutions in Eastern Europe*, p. 152.

발표되었다.

루마니아의 체제전환은 대중의 봉기가 없었다면 발생하지 않았을 것이다. 즉, 시민혁명적 체제전환의 외양을 가지고 있다. '음모론'이 제시하는 것처럼 군부의 쿠데타였다고 하더라도 대중의 봉기는 결정적이었다. 동시에 대중의 봉기는 군부와 비밀경찰의 일부의 지지가 없었다면 또한 성공하지 못했을 것이다. 루마니아의 체제전환이 군부와 시민의 연합으로 이루어진 것으로 평가되는 이유다.

루마니아의 체제전환을 설명하기 위해서는 몇 가지 요소의 우연적 결합을 생각해보아야 한다.[39] 첫째, 미소를 비롯하여 주변 국가들은 차우셰스쿠 루마니아의 지속을 원하지 않았다. 둘째, '공중파'를 통해 루마니아에도 전달되었던 주변 국가들의 체제전환이다. 셋째, 지배연합 내부의 음모이다. 넷째, 오랫동안 지속되었고 대중봉기로 절정에 올랐던 '분노의 운동(movement of rage)'이다. 이 네 요소 가운데 어느 하나를 배제한다면 루마니아의 시민혁명적 체제전환을 설명하기 어려울 것이다.

루마니아에서 벌어진 상대적으로 짧은 체제전환의 기간은 사실 극심한 권력투쟁의 시기이기도 했다. 이 권력투쟁은 국가장치의 통제를 둘러싼 것이었다. 어떤 세력도 혁명의 과정에서 역할을 하지 않는다면 권력을 효과적으로 행사할 수 없었다. 따라서 루마니아의 체제전환은 권력투쟁 그 자체였다고 해도 과언이 아니다. 군부는 12월의 대중시위에 총격을 가했음에도 불구하고 비밀경찰보다 이 전투에서 유리한 위치를 차지할 수 있었다. 그 이유는 대중에게 광범위하게 확산되어 있던 비밀경찰에 대한 혐오 때문이었다. 비밀경찰은 다른 사회주의국가에서처럼 대중에게 악의

---

39) K. Verdery and G. Kligman, "Romania after Ceausescu: Post-Communist Communism," pp. 121~122.

화신이었다.

루마니아의 체제전환 과정에서도 전형적인 지배연합의 균열이 확인된다. 균열된 지배연합에서 군부는 대중의 봉기를 지지하는 것처럼 보였다. 루마니아의 체제전환이 사실상 군부의 쿠데타였다고 하더라도 이는 지배연합의 균열을 보여주는 증거라고 할 수 있다. 루마니아 체제전환 과정에서 핵심적 역할을 한 미디어는 루마니아 밖의 미디어들이었다. 특히 루마니아 정부가 통제할 수 없었던 주변 사회주의국가들의 공중파는 루마니아 대중들의 봉기에 직접적 영향을 미쳤다고 할 수 있다. 그리고 국내를 연결해주던 미디어인 '전화'도 대중들의 집합행동을 야기하는 촉매의 역할을 했다고 평가할 수 있다.

6. 비교

소련, 체코슬로바키아, 루마니아에서 발생한 체제전환의 공통점은 세 국가 모두 지배연합의 균열이 체제전환을 야기했다는 점이다. 이는 체제전환 국가에 공통적으로 나타나는 특징이기도 하다. 특히 루마니아에서는 군부의 이반이 특징적이었다. 이 지배연합의 균열이 대중의 집합행동과 연계되면서 시민혁명적 체제전환이 발생했다. 대중의 집합행동에서 촉매제 역할을 한 것은 전화, 복사기, 팩스 등의 미디어와 서구와 주변 국가의 라디오와 텔레비전 등이었다. 세 국가의 정치적 반대파들은 이 미디어를 적절히 활용했고, 공산당이 독점하던 라디오와 텔레비전을 장악하게 되면서 시민혁명적 체제전환을 주도했다.

반면, 차이점도 발견된다. 정치적 반대파가 상대적으로 조직화되어 있지 않던 루마니아에서는 기존의 공산당과 군부의 구성원들이 체제전환

이후에도 권력을 장악한 반면, 시민사회가 발전해 있던 체코에서는 시민
사회의 정치적 반대파들이 권력을 장악했다. 이 차이는 역사적 경험의 차
이에서 비롯된 것이기도 하다. 체제전환 이후 루마니아의 대통령이 된 전
공산주의자는 1990년 7월, 지난 12월 이후 변한 것은 많지 않았다고 발
언했다고 한다. 이 차이는 미디어가 기존 정치권력에 도움이 될 수도 있
고 그렇지 않을 수도 있음을 보여주는 것이기도 하다.40) 그렇다면 결국
체제전환이 발생한 시점에서의 권력관계의 문제이기는 하지만, 다양한
미디어를 누가 소유하고 있는가에 따라 체제전환이 민주주의'로의' 이행
인가 아니면 권위주의체제'로부터의' 이행인가가 결정될 수도 있을 것이
다.41)

7. 결론에 대신하여: 북한에 주는 함의

중국과 같이 지배연합 내부의 균열이 발생하지 않은 사회주의국가에
서는, 새로운 미디어를 도입했음에도 시민혁명적 체제전환이 발생하지
않았다는 점에 주목할 필요가 있다. 미디어가 집합행동을 야기할 수 있지
만, 지배연합이 공고하면 시민혁명적 체제전환을 예방할 수 있음을 보여
주는 사례다. 따라서 비교의 시각을 가지고 북한에서 미디어의 도입이 미
치는 효과를 생각해볼 필요가 있다.

북한에서도 소련 및 동구 사회주의국가의 체제전환기에 사용되었던

---

40) T. Goan-Klas, *The Orchestration of the Media: The Politics of Mass Communication in Communist Poland and the Aftermath*(Boulder: Westview, 1994).

41) K. Rogerson, "The Role of the Media in Transitions from Authoritarian Political Systems: Russia and Poland Since the Fall of Communism".

미디어보다도 신기술에 기초한 새로운 미디어가 확산되고 있다. 이집트 기업인 '오라스콤 텔레콤(Orascom Telecom Media & Technology)'이 북한 체신성과의 합작으로 '고려링크'란 회사를 설립하고 북한에 휴대전화 네트워크를 설치한 이후, 2014년 현재 북한의 휴대전화 가입자는 200만 명을 넘는 것으로 추산되고 있다. 스마트폰도 10만 대 정도가 보급되어 있는 것으로 보도되고 있다. 북한에는 이 공식 휴대전화 네트워크와 더불어 국경지역에서 중국의 휴대전화 네트워크도 작동하고 있다. 중국망과 북한망을 결합하면 북한 외부에서 북한주민과 직접 통화를 할 수 있을 정도이다. 휴대전화가 보급되면서 북한주민의 언어생활이 변하고 있을 뿐만 아니라 '손전화기 보험'까지 등장한 상태이다. 다른 한편으로는 컴퓨터, 태블릿(tablet), DVD 플레이어와 같은 디지털 기기도 확산되고 있다. 북한에서 생산하는 와이파이(wi-fi)에 기반을 둔 '삼지연'이란 태블릿에는 김일성과 김정일의 저작, 소설, 게임 등이 앱으로 장착되어 있다. DVD 플레이어는 북한 내부에 '한류'의 확산을 가능하게 한 기기이기도 하다. 북한의 인터넷 식별기호인 kp 주소를 가진 인터넷 사이트도 증가하고 있는 추세이다. 또한 체제전환을 경험한 다른 국가들처럼 북한주민들도 '한민족방송', '자유아시아', '미국의 소리' 등을 청취할 수 있다고 알려져 있다.

북한에 새로운 미디어가 확산되면서 소련 및 동구와 같은 체제전환 가능성이 주목의 대상이기도 하다. 새로운 미디어가 북한당국의 주민 통제를 세련된 방식으로 강화할 수도 있지만, 북한과 같은 '폐쇄사회'에서 새로운 미디어는 당국의 주민 통제를 약화시킬 뿐만 아니라 외부정보의 유입을 용이하게 할 수 있기 때문이다. 그러나 소련 및 동구 사회주의국가의 경험에서 볼 수 있듯이 미디어가 대중의 집합행동을 위한 촉매의 역할을 하지만, 지배연합의 균열과 결합될 때 그 효과가 극대화된다. 체제전환을 관통하는 핵심 변수는 지배연합의 균열이라고 할 수 있다. 대중의 집합행동이 발생할 가능성이 보이거나 또는 발생했을 때, 폭력적 국가장치를 장악하고 있는 지배연합의 분파가 시위를 진압하는 데 참여하지 않을 때, 시민혁명적 형태의 체제전환이 발생했다. 소련, 체코, 루마니아의 사례가 그것을 보여준다.

2013년에 벌어진 북한의 지도자인 김정은의 고모부이자 후견인이었던 장성택 전 국방위원회 부위원장의 처형은 북한에서도 지배연합의 균열 조짐이 있음을 알려주는 신호로 읽힐 수도 있다. 그러나 이 사건이 권력승계 과정에서 나타나곤 하는 2인자 숙청이라는 권력의 법칙을 보여주는 것이라면 김정은 권력의 공고화 과정의 한 계기로 해석될 수도 있다. 북한의 지배연합은 다른 사회주의국가보다 그 규모가 작은 최소지배연합의 성격을 띠어 상대적으로 균열의 여지가 적다고 할 수 있다. 북한이 권력의 정당화를 위해 동원하곤 하는 이른바 '백두혈통'은 식민지시대 항일무장투쟁을 매개로 만들어진 지배연합의 범위를 지칭하는 표현일 수 있다. 이 지배연합은 수령제의 재생산에 공통의 이해관계를 가지고 있기 때문에 김정은 권력에 도전하는 정치적 반대파가 지배연합 내부에서 형성될 가능성은 상대적으로 약해 보인다. 북한 내부에서도 새로운 미디어가 출현하고 있고 서구와 한국의 미디어가 북한주민에게 영향을 미치고 있지만, 새로운 미디어는 정치적 반대파와 결합될 때 집합행동을 위한 촉매역할을 할 수 있다.

참고문헌

1. 국내문헌

구갑우. 2008. 『국제관계학 비판: 국제관계의 민주화와 평화』. 서울: 후마니타스.

데 메스키타·스미스(Bruce Bueno de Mesquita and alastair smith). 2012. 『독재자의 핸드북』. 이미숙 옮김. 서울: 웅진지식하우스.

액설로드, 로버트(Robert Axelrod). 2009. 『협력의 진화』. 이경식 옮김. 서울: 시스테마.

매클루언, 마셜(Herbert Marshall Mcluhan). 2011. 『미디어의 이해: 인간의 확장』. 김상호 옮김. 『미디어의 이해: 인간의 확장』. 서울: 커뮤니케이션북스.

정흥모. 2001. 『체제전환기의 동유럽 국가 연구: 1989년 혁명에서 체제전환으로』. 서울: 도서출판 오름.

진승권. 2003. 『동유럽 탈사회주의 체제개혁의 정치경제학 1989~2000년』. 서울: 서울대학교출판부.

최완규·최봉대. 2008. 「사회주의 체제전환방식의 비교연구」. 윤대규 엮음, 『사회주의 체제전환에 대한 비교연구』. 파주: 도서출판 한울.

최인호. 2013. 「냉전과 인터넷 커뮤니케이션의 구조: 정보기술의 국제정치적 구성」. ≪세계정치≫, 18.

현원복. 1989. 「소련의 과학기술정책」. ≪중소연구≫, 13: 2.

2. 외국문헌

Aron, L. 2006. "The 'Mystery' of the Soviet Collapse." *Journal of Democracy*, 17: 2.

Curry, J. 2010. "Revolutionary Reporting, The Media, Democratization, and Eastern Europe." *Harvard International Review*, Vol. 32, No. 3.

Curtis, M. 2006. "Catalyzing the Collapse: The Computer and the Fall of the Soviet Union." 2006 AHS Capstone Projects, Paper 15.

East, R. 1992. *Revolutions in Eastern Europe*. London: Pinter.

Ferguson, D. 1998. "From Communist Control to Glasnost and Back?: Media Freedom and Control in the Former Soviet Union." *Public Relations Review*, 24: 2.

Goan-Klas, T. 1994. *The Orchestration of the Media: The Politics of Mass Communication in Communist Poland and the Aftermath*. Boulder: Westview.

Hopkins, M. 1970. *Mass Media in the Soviet Union*. New York: Western Publishing Company.

Judt, T. 1991. "Metamorphosis: The Democratic Revolution in Czechoslovakia." in I. Banac. *Eastern Europe in Revolution*. Ithaca: Cornell University Press.

Kubálková, V. 2001. "Soviet 'New Thinking' and the End of the Cold War: Five Explanation." in V. Kubálková(ed.). *Foreign Policy in a Constructed World*. London: M.E. Sharpe.

Lenin, V. I. 1970. "What Is To Be Done? Burning Questions of Our Movement." *Selected Works*, Vol.1. Mosxow: Progress Publishers.

Loveless, M. 2008. "Media Dependency: Mass Media as Sources of Information in the Democratizing Countries of Central and Eastern Europe." *Democratization*, 15: 1.

Obinger, H. and C. Schmitt. 2011. "Guns and Butter? Regime Competition and the Welfare State during the Cold War." *World Politics*, 63: 2.

Porta, D. and M. Diani. 2006. *Social Movements: An Introduction*. Oxford Blackwell.

Rogerson, K. 1997. "The Role of the Media in Transitions from Authoritarian Political Systems: Russia and Poland Since the Fall of Communism." *East European Quarterly*, XXXI: 3.

Saxonberg, S. 2003. *The Pall: A Comparative Study of the End of Communism in Czechoslovakia, East Germany, Hungary and Poland*. London Routledge.

Schwartz, P. 1996. *The Art of the Long View*. New York: Doubleday.

Splichal, S. 1994. *Media beyond Socialism*. Boulder: Westview Press.

Sukosd, M. 1990. "From Propaganda to 'Oeffentlichkeit' in Eastern Europe: Four Models of Public Sphere under State Socialism." *Praxis International*, 10: 1-2.

Verdery, K. and G. Kligman. 1992. "Romania after Ceausescu: Post-Communist Communism." in Ivo Banac, *Eastern Europe in Revolution*. Ithaca and London.

3. 기타자료

http://digitalcommons.olin.edu/ahs_cpastone_2006/15

The Times

제5장

글로벌 인권 거버넌스의 역할과 한계
: 중국 톈안먼 사건으로부터의 교훈

이정우

1. 서론

역사적 경험을 토대로 할 때 사회주의국가 체제전환은 하나의 방향으로 이루어지지는 않는다. 즉, 체제전환의 동력은 다양한 방식에서 전개될 수 있으며, 그 형식은 '위로부터', '아래로부터' 혹은 '외부의 자극'에 의한 것일 수 있다. 지배엘리트 내부의 동력 또는 갈등으로부터 발생하는 변화가 위로부터의 체제전환이라면, 시민혁명·봉기 등과 같은 아래로부터의 체제전환이 있다. 물론 두 동력이 야기하는 체제전환은 모두 지배엘리트의 내적 구성과 분파적 역학관계의 유형에 따라 여러 모습으로 결정되어왔다.

이 글에서는 이 점에 충분히 유의하면서도 그와 더불어 주목하는 것은 위로부터의 체제전환이든 아래로부터의 체제전환이든 체제전환을 전후로 한 시점에서 사회주의국가에 유·무형의 영향을 미치는 세계적 차원의 어떤 제도적 규약, 즉 글로벌 거버넌스(global governance)가 존재했다는 점이다. 이 글로벌 거버넌스는 사회주의국가들의 체제전환을 추동한 외부의 힘이라고 할 수 있다. 이 점에서 북한의 체제전환 가능성도 단지 내부동력에 의한 것이 아닌 외부의 '조력'을 필요로 한다는 것이 이 글의 주요 문제의식이다. 특히 현재 북한 인권문제가 국제사회의 주요한 화두로 대두되면서, 국제사회에서의 글로벌 거버넌스적 접근이 북한의 인권개선 및 나아가 체제전환의 한 축이 될 수 있을 것인지를 알아보는 것은 그 의미가 적지 않을 것이다. 이런 측면에서 이 글은 톈안먼 사건(天安門 事件)에서 나타난 중국의 사례를 분석함으로써 사회주의 체제전환과 글로벌 인권 거버넌스의 상관성을 분석하고, 이러한 논의가 북한의 변화에 주는 시사점이 무엇인지를 밝혀보고자 한다.

먼저 중국의 체제전환의 과정에서 발생한 톈안먼 사건은 중국만의 특수한 사안이 아니라 사회주의 체제전환의 '일반적인 사건'이었다는 점에서 북한의 경우에도 그 적용가능성이 존재한다. 특히 이 과정에서 체제전환국은 세 가지 양태의 반응을 보이게 되는데, 첫째, 국가의 주권을 내세우는 강경한 대응, 둘째, 국제적 인권기준에 대한 인식의 형성, 셋째, 경제적 인권 및 집단권을 우선시하는 독자적 인권 개념에 대한 강조 등이 그것이다.

이와 같은 분류에 따라 톈안먼 사건에서 국제사회는 어떤 역할을 했고, 또한 이에 대한 중국의 대응은 어떻게 이루어졌는지를 정리해보기로 한다. 이를 통해 실제로 글로벌 인권 거버넌스가 톈안먼 사건에 어떻게 투영되었으며, 실제 중국의 인권개선에 어떠한 결과를 가져왔는지를 분석한다. 결론적으로 국제사회라는 외부의 개입이 중국의 인권개선과 정책 변화에 어떤 영향을 주었는지를 분석한다. 이와 같은 중국의 사례를 바탕으로 체제전환과 글로벌 인권 거버넌스의 상관관계를 비교하고, 북한의 체제전환에 국제 인권규범이 개입할 수 있는 공간과 그 실효성을 중심으로 대북 인권정책의 방향성을 제언하고자 한다.

2. 글로벌 거버넌스와 사회주의 체제전환 그리고 인권

여기에서는 먼저 글로벌 거버넌스의 개념이 인권문제와 어떻게 연결되어 있는지를 설명하고, 나아가 글로벌 거버넌스의 견해에 따라 국제사회가 개별국가에 대해 인권개입을 하는 것이 현재의 국제질서와 제도 속에서 어떤 논쟁을 야기하고 있는지를 북한의 경우를 중심으로 이론적·경험적으로 살펴보기로 한다.

1) 인권과 글로벌 거버넌스

'글로벌 거버넌스' 개념의 등장은 사회주의국가들의 체제전환으로 야기된 냉전의 해체와 맞물려 있다. 글로벌 거버넌스는 탈냉전시대 국제관계의 관리 또는 개혁과 연관된 개념이다. 일반적으로 글로벌 거버넌스는 공적인 개인과 제도, 사적인 개인과 제도가 그들의 공동의 관심사를 관리하는 많은 방식들의 총합으로 정의된다. 따라서 글로벌 거버넌스는 공식적인 제도나 레짐(regime)뿐만 아니라 비공식적인 제도나 레짐을 포함한다.[1]

그런데 글로벌 거버넌스는 중립적이고 균형적인 개념처럼 보이지만, 글로벌 거버넌스의 해석을 둘러싸고 다양한 이론적 입장들이 경쟁하고 있다. 국제관계학의 신자유주의 이론가들이 글로벌 거버넌스에서 네트워크와 규범을 강조한다면,[2] 국제관계의 개혁을 추구하는 이론가들은 글로

---

[1] 글로벌 거버넌스에 대한 개념 및 다양한 해석과 이론적 토대는 Margaret P. Karns and Karen A. Mingst, *International Organization: The Politics and Processes of Global Governance*(Boulder, CO: Lynne Rienner Publishers, 2010), Ch. 1 & Ch. 2 참조.

벌 거버넌스를 공치(共治) 또는 협치(協治)로 해석하려 한다.[3] 지구적 수
준에서 시민사회의 개입을 통해 정치적 권위를 재구성하려는 복합적 다
자주의(complex multilateralism)는 후자의 대표적 사례라고 할 수 있다.

사회주의 체제전환을 추동하거나 변수로서 작동하는 외재적 힘으로서
의 글로벌 거버넌스를 상정하는 이 글에서는 글로벌 거버넌스에 대한 두
해석을 적절히 수용한다. 글로벌 거버넌스를 최소의 목표를 추구하는 네
트워크, 즉 네트워크화된 최소주의(networked minimalism)로 해석하는 신
자유주의적 국제관계이론을 수용하면서도, 북한에 대한 다양한 사적·공
적 행위자의 관여(engagement)가 증가하면서 복합적 다자주의가 북한의
체제전환을 가능하게 하는 역할을 할 수 있다고 생각하기 때문이다.

그런데 글로벌 거버넌스에 연계된 체제전환의 현실적 진행 과정은 일
반적으로 훨씬 복합적인 경향을 띠게 된다. 예를 들어 정부 간 국제기구
나 민간기구(NGO)의 개발지원이 체제전환 대상국의 개발역량 구축, 인
프라 부문의 투자 유치, 사적 투자의 합리화 지원과 같은 경제개혁을 촉
진하는 역할이나 대상국의 지역공동체 수준의 연계 확보를 통해 시민사
회의 형성을 지원하는 효과를 산출할 수 있기 때문이다. 또 초국가적 네
트워크를 구축하여 대상국의 인권 신장운동에 기여할 수도 있다. 그렇지
만 당사자인 체제전환국의 입장에서는 경제개혁이나 시민운동의 조직화

2) 이른바 신자유주의와 신현실주의로 분류되는 것들이다. 대표적으로 Robert O.
Keohane and Joseph S. Nye, Jr., *Power and Interdependence: World Politics in
Transition*(Boston: Little, Brown, 1977); Kenneth Waltz, *Theory of International
Politics*(Reading, Mass.: Addison-Webley, 1979) 등이 이론적 토대가 되고 있다.

3) 구성주의 및 네트워크이론이라는 분류로 연구가 활성화되고 있다. 대표적으로
Alexander Wendt, "Constructing International Politics," *International Security*,
Vol. 20, No. 1(1995); Harold K. Jacobson, *Networks of interdependence: Interna-
tional Organizations and the Global Political System*(NY: Knopf, 1979) 등을 참조.

에 기인하는 기존 '당-국가'의 지배질서의 위기를 경감하기 위해 시장경제 법제는 지원하되, 사법·치안기구 및 공공행정 부문의 개혁을 위한 민주적 법제 거버넌스의 창출에는 부정적인 정책적 입장을 견지할 수 있다. 글로벌 거버넌스의 체제전환 촉진 효과와 관련해서 이런 예시적 유형과 같은 정치·경제적 전환과 법제도 전환 간의 '비동기화된 복합적 상호작용'은 북한의 경우에도 충분히 예상할 수 있는 사안이다.

  인권이라는 사회적·문화적 의제는 종종 다른 분야의 의제와 결부되어 쟁점화되는 것이 일반적이다. 가장 대표적인 예로 헬싱키 협정(Helsinki Conference, 1975)이라는 포괄적 안보를 주제로 한 글로벌 거버넌스가 체코, 폴란드, 루마니아 등에서 시민사회단체를 만들어가는 과정, 이러한 시민사회단체가 일정한 임계점을 넘어 시민혁명과 같은 집합행동으로 발화되는 과정, 그리고 다양한 시민사회 세력이 글로벌 거버넌스에 참여하면서 복합적 다자주의로 정의되는 새로운 형태의 글로벌 거버넌스가 출현하는 양상 등이 나타났다. 따라서 인권문제의 경우 헬싱키프로세스가 소련 및 동유럽의 체제전환 과정에서의 인권개선에 어떤 역할을 했으며, 글로벌 인권 거버넌스의 인권개선을 위한 노력이 구체적으로 어떠한 방식으로 추진되었는지에 대해 많은 분석이 존재한다.

2) 인권개선과 국제사회의 개입에 관한 논쟁 구조[4]

(1) 인권 개념: 보편성과 상대성
국제관계에서 인권문제를 다루는 데 가장 논쟁이 되는 사안은 인권 개

---

4) 2)의 (1)과 (2)의 내용은 이정우, 「북한인권 문제에 대한 쟁점과 해법」, ≪정치·정보연구≫, 제14권 2호(2011), 198~208쪽의 내용을 이 글의 주제와 맞게 재구성하여 정리한 것임을 밝힌다.

넘 자체에 대한 보편성과 문화적 상대성에 관한 논쟁이다. 이는 북한체제에 대한 이해와 연구를 어떻게 하는 것이 옳은지에 대한 논쟁을 야기한 1990년대 초 '내재적 접근법'과 그 반론의 같은 맥락에서 진행되고 있다.[5] 즉, 북한이라는 특수한 체제를 인정하고 그 속에서 자율적으로 작동하는 체제운영방식의 이해 속에서 북한 인권을 파악해야 한다는 주장과 이른바 인권이라는 것이 국가와 체제 등과 무관한 보편적 기준이 되어야 한다는 주장이 공존하고 있는 것이다.

전자의 주장에 따르면 사회주의 각국은 사회주의의 기본적 특성과 또한 탈냉전 이후의 체제위기 상황 속에서 특별한 인권 상황을 가지게 된 것이다. 예를 들어 북한은 자주권, 생존권, 평등권, 발전권을 포함한 권리로서 인권 개념을 설명하고 있다.[6] 즉, 북한의 인권은 외부세력으로부터의 압력을 타파하여 자주적으로 생존하면서 발전을 도모하는 것이다. 이를 위해서는 외부로부터뿐 아니라 내부로부터의 체제위협 요인을 파단·제거하는 것이 국가생존과 인권을 도모하는 길이 된다. 이러한 논리에 따르면 북한 인권개선을 위해서는 국제사회의 북한에 대한 비판적 시각과 압력이 완화되고 또한 정치·경제적 지원을 얻는 것이 인권개선의 제1 과

---

5) 북한인권을 바라보는 데 있어 내재적 시각에 대한 정리는 서보혁, 「북한인권연구에서 내재적 시각의 의의와 한계」, 《현대북한연구》, 제9권 1호(2006) 참조. 이 글에서는 외부위협, 통제기제, 배제의 법칙 등 인권을 유린하는 요인에 대한 여러 이론적 논의가 진행된다.

6) 미국 국무부의 『1993 연례인권보고서』에서 북한의 인권을 비판한 것에 대해 북한은 1994년 2월 9일 외교부 대변인 담화를 통해 대응했다. 담화의 골자는 북한은 "인권을 인간이 사회적으로 보장받아야 할 존엄과 '자주권', '평등권', '생존권'과 '발전권'을 포함한 '사회정치적 권리'와 '경제문화적 권리'로 규정, '인민대중 중심의 사회주의' 제도하에서는 모든 인민이 자주적이며 창조적인 생활을 누리고 있어 인권이 확고히 존중되고 있다"라는 것이다. 《연합뉴스》, 1994년 2월 18일 자.

제가 된다. 이를 국제인권규약과 연결해보면 북한은 A규약(사회적·문화적, 경제적 인권규약)에 의존하는 바가 크다고 할 수 있다.

이에 반해 미국과 유럽 등 국제사회는 국제인권규약 B규약(시민적·정치적 권리에 관한 국제규약), 즉 자유권의 측면에서 북한 인권문제에 접근한다. 이는 존 로크(John Locke)가 "인간은 자기 자신의 고유한 인격의 절대적 주인이자 소유주이다"라고 말한 것과 같이, 인권을 개별국가의 특수성과 관계없이 인류 보편적 가치로 보는 것이다. 이는 주민 개개인의 자유권을 중심으로 북한의 인권문제에 접근하고 있는 것이다. 이 경우 북한이 처한 사회경제적 환경에 대한 특정한 환경에 대한 고려보다는 개인의 자유권이 확대된 서구민주주의의 기준으로 북한 인권을 바라보게 된다. 물론 국제사회의 평균적인 인권 수준으로 보아도 현재의 북한 인권 상황은 매우 낮은 수준이며 최악의 국가들 중의 하나이다. 이러한 시각은 인류가 보편적으로 추구해야 할 과제임에도 결국 북한정권의 존립 정당성에 대한 문제로 연결되기 때문에 매우 민감한 정치적인 사안과 연결된다.

근대민주주의의 성립과 함께 보편화된 인권에 대한 논의는 그 개념의 불명확성 때문에 인권 규정을 둘러싼 논의가 계속되어왔다. 이론적인 차원에서 가장 논쟁이 되는 것은 인권의 보편성과 문화적 상대주의가 공존하고 있다는 점이다. 특히 인권문제가 구체적인 논쟁으로 이어질 때는 선진국과 저개발 독재국가 간에 이 문제가 정치적 논쟁으로까지 비화된다.

인권의 보편성을 주장하는 쪽은 문화적 차이나 각국의 경제·사회 수준의 발전 정도와는 무관하게 인권이 보편적으로 정당화될 수 있다고 본다. 반면에 인권의 상대성을 주장하는 쪽에서는 각국의 사회발전 수준과 문화적 특수성에 따라 인권에 대한 정의와 기준이 다르게 나타나고 또한 다른 정의가 가능하다고 본다. 이러한 논쟁은 실제로 국가 간의 정치적인 논쟁으로 이어지게 된다. 보편주의자들은 상대주의자들이 민주주의를 탄압하고 종국에는 권위주의 독재체제를 정당화하기 위한 도구로서 상대성을 강조한다고 말한다. 반대로 상대주의자들은 선진국들이 인권 개념을 내세워 저발전 국가들의 주권을 침해하고 있다고 말한다. 즉, 선진국들의 국익을 위해 타국의 주권을 침해하기 위한 도구로 인권 개념을 차용한다고 주장한다.[7]

인권에 대한 이와 같은 '보편성-상대성' 논쟁은 진영 외교를 펼치던 냉전시기뿐만 아니라 국경의 벽을 허무는 신자유주의의 흐름이 대세를 이루고 있는 탈냉전시기에도 지속되고 있다. 예를 들어 탈냉전시기에 인권 보호의 차원에서 소말리아, 르완다, 보스니아 그리고 코소보 등에서 국제적 개입이 이루어졌으나, 그 성과 대해 평가가 엇갈리고 또한 그 효과도 다르게 나타났기 때문이다. 결국 인권 개념에 대한 논쟁은 국가중심적 국제체제의 지속에서 주권이라는 근대 국제관계의 또 다른 명제와 마찰하면서 생겨나는 복잡한 문제일 수밖에 없다. 따라서 인권의 보편성 논쟁은 국가와 인간을 보는 국가중심적 사고와 자유주의적 사고의 충돌 속에서 나타나고 있다고 해석할 수 있다.

따라서 국제사회에서 인도적 개입과 관련하여 '주권 원칙'과 '자유주의 원칙'이라는 기본적인 규칙(또는 덕목)이 긴장관계를 유지하며 여전히 상존하고 있다.[8] 먼저 국제사회에서의 주권원칙을 살펴보면, 국가 간의 행위를 규제하는 근본적인 규칙으로 무력을 동반한 강력한 인도적 개입을 허용하지 않고 있다. 이러한 비개입 규칙은 현실 국제관계를 지탱하고

---

7) 인권의 보편성과 상대성에 관한 자세한 논의는 김원식, 「북한 인권 논의의 현황과 전망」, ≪사회와 철학≫, 제9호(2005), 105~108쪽 참조.

8) 최의철, 「국제사회의 인도적 개입: 이론과 실제」, ≪통일정책연구≫, 제12권 2호(2003), 373쪽.

있는 하나의 축이다. UN을 중심으로 한 국제사회의 복잡한 규칙은 전통
적으로 질서와 관계된 평화와 안정이 인권보다 중요하다는 것을 말해주
고 있다.[9] 특히 군사력 사용과 관련하여 UN헌장은 인권의 보호라기보다
는 질서유지를 강조하고 있다. 그러나 인도적 개입을 분명하게 금지하고
있지는 않으며, 일부 조항에서는 개입의 가능성을 암시하고 있기도 하다.
예를 들어 제2조 1항은 UN 회원국들의 주권의 평등성, 제2조 3항의 회
원국들 간의 갈등은 평화적 방법으로 해결, 제2조 7항은 UN이 그 국가
의 관할권 내에 있는 사항에 간섭할 권한을 UN에 부여하는 것은 아니라
고 규정하고 있다.[10]

한편 UN헌장이 인권보호를 위한 무력사용을 분명하게 허용하지는 않
으나 많은 법학자들과 국제정치 현실에서 인권보호를 위한 인도적 개입
은 냉전 종식 이후 국제사회의 중요 현안이며, 인권을 위한 인도적 개입
은 UN의 핵심적인 목적과 상응하고, 분명한 금지가 없는 것은 인도적 개
입을 허용하는 것으로 해석하는 경향이 존재한다. 탈냉전 이후 국제사회
는 최근의 리비아 사태에서와 같이 인도적 목적을 위해서 타국의 문제에
개입하는 경향이 많아졌다. 이러한 주장은 국제법도 결코 정태적인 것은
아닌 것으로, 국제정세와 상황의 변화에 점진적으로 반응하는 것이지 모
든 상황에 적용되는 절대적인 것은 아니라는 주장이다.[11]

---

9) R. J. Vincent, *Nonintervention and International Order*(Princeton, N.J.: Princeton
   University Press, 1974) 참조.

10) 최의철, 「국제사회의 인도적 개입: 이론과 실제」, 374쪽.

11) Thomas M. Franck, "Interpretation and change in the law of humanitarian
    intervention," J. L. Holzgrefe and Robert O. Keohane(ed.), *Humanitarian
    Intervention*(Cambridge, UK: Cambridge University Press, 2003), pp. 204~205;
    최의철, 같은 책, 375쪽에서 재인용.

다음으로 자유주의 원칙에서 인권문제를 살펴보면 자유주의적 가치인 인권보호, 즉 개인의 존엄성과 자율성을 존중하고 기본적인 개인의 권리를 보호하려는 목적으로 세워진 국제적 규칙들이 인권의 보편적 가치를 지탱하고 인권을 보호하고 있다. 주권의 경우와 마찬가지로 인권규칙은 UN헌장 및 인권 관련 국제적 협정과 선언에 명시되어 있다.[12]

UN헌장 제55조 (c)에 따르면 UN은 "인종, 성, 언어 또는 종교에 의한 차별 없는 모든 사람을 위한 인권과 기본적 자유의 보편적인 존중과 준수"를 한다고 규정하고, 제56조에서는 "가맹국들은 55조의 목적을 달성하기 위해서 이 기구와 협력하여 공동적 또는 개별적 행동을 취할 것을 서약한다"라고 규정하고 있다. 이러한 국제법적 근거를 통해 UN과 국제사회는 인권침해가 심각한 국가의 국제사회 참여를 제한하는 행위들을 펼치게 되는데, 이는 전통주의적인 주권원칙과 충돌하는 것이 된다.

그런데 이러한 충돌은 주로 국제체제의 주도세력과 저발전 독재국가와의 마찰로 나타나는데, 사례마다 국제사회의 대응방식이 다르게 나타나기 때문에 일관성의 차원에서 문제가 일어나는 등 해당 국가의 반발을 부르기도 한다. 결국 자유주의 원칙에 따른 인권문제 접근은 전 세계적으로 동일한 원칙과 대응이 전제되지 않는 한 개별 사례에서의 정당성이 존재하더라도 형평성의 논란에서 자유롭지 못하다.

인권 개념에 대한 보편성과 상대성의 논쟁을 정리해보면 국가주권 원칙의 차원에서 개입의 정당성이 확보되는 경향이 존재하는 반면, 자유주의 원칙의 차원에서는 여전히 형평성의 문제가 제기된다. 이와 같은 논리상의 역설은 인권문제에 대한 접근에서 여전히 수많은 상충된 의견들이 제시될 수 있음을 예견하는 근거가 된다.

---

12) 최의철, 「국제사회의 인도적 개입: 이론과 실제」, 376~377쪽 참조.

(2) 인권침해: 내부적 요인과 외부적 요인의 논쟁

북한에서 인권침해가 일어나는 원인에 대해서는 발생 원인을 두고 크게 두 가지 시각이 존재한다.[13] 북한체제의 사회주의적·전체주의적 특성이 북한주민들의 인권을 제약하고 억압하고 있다는 시각과 기존의 냉전체제와 탈냉전에서의 북미갈등과 같은 체제 외적인 요인이 인권문제의 구조적 원인이 된다는 주장이다.

북한 인권문제를 내부적 요인에서 기인한다고 보는 시각은, 절대주의 권력이 사회구성원들에 대한 적극적인 통제와 전지전능의 지도자에 대한 맹목적 복종을 강요하는 북한체제의 특성에 의해 인권이 침해당하고 있다고 본다. 반면 외부적 요인에 의해서 북한 인권이 침해당하고 있다고 보는 시각은, 북한의 입장에서 바라볼 때 북한의 폐쇄성과 그에 따른 인권침해는 미국과의 대결구도와 '피포위' 의식에서 발현하는 것이라고 본다.[14] 즉, 비우호적인 대외환경 속에서 북한이 체제의 생존을 도모하는 과정에서 자립적 정치경제 구조가 구축되었고, 탈냉전과 함께 이러한 구조의 모순이 일거에 발현됨으로써 결국 북한 인권이 현재의 상황에 처하게 되었다고 보는 것이다.

북한의 인권문제가 내적인 요소에 의해 발생한다는 주장을 '내인론'이라 하고, 외적인 요소에 의해 발생한다는 주장을 '외인론'으로 규정하고 논의를 보다 진전시키면 다음과 같다.[15]

먼저 내인론자들은 당연히 북한 인권문제의 발생 원인을 북한체제 자

---

13) 북한의 경우에 있어서는 우승지, 「북한인권문제 연구의 쟁점과 과제」, ≪국제정치논총≫, 제46권 제3호(2006), 197쪽 참조.

14) Bruce Cummings, *North Korea: Another Country?*(New York: New York Press, 2004).

15) 우승지, 같은 글, 196~198쪽 참조.

체의 모순에서 찾는다. 국가가 절대적 권력을 행사함으로써 사회구성원들이 억압당하고 있다고 보는 것이다. 즉, 실패한 국가인 북한이 기존의 이데올로기와 체제를 유지하려는 목표를 성취하기 위해서 북한주민들에 대한 억압구조가 광범위화되고 일상화된다고 보는 것이다. 그런데 북한의 경우, 국가가 단순히 무능력하고 체제를 관리할 능력을 갖추지 못하기 때문인 것이 아니라 국가권력이 사회전반에 광범위하게 존재하고 오류를 인정하지 않는 무오류성에 따라 발생하는 것이다.

이러한 내인론은 북한의 인권문제는 사회주의 경제체제의 모순과 북한정권의 체제전환 노력이 빈곤하기 때문에 발생한 것이라고 본다. 즉, 사회주의 경제체제의 낮은 생산성과 국제사회주의권의 붕괴에 따른 고립주의의 폐해, 그리고 7·1경제관리개선조치(2002년) 이후 시장주의를 일부 도입했지만 체제유지의 차원에서 제한적으로 작동함으로써 시장경제가 발전하는 데 한계를 가지고 있기 때문이다. 결국 국가의 경영 실패가 국민들에게 피해를 주고 있는데도 국가는 그 실패를 스스로 인정하지 않고 외부의 탓으로 돌리면서 오히려 주민들을 더욱 억압하는 악순환이 지속되고 있다고 보는 것이다.

내인론에 따라 북한체제를 규정하면, 북한정권은 국가의 모든 권력을 장악하고 있음에도 그러한 권력을 통해 북한주민들의 먹고사는 문제를 포함하여 자유와 인권을 말살하는 변화불능의 실패한 체제가 되고 만다. 이 경우 북한에서 경제 실패와 인권 탄압이라는 악순환의 고리를 끊는 것은 정권 변동을 도모하는 것 외에 다른 방법이 없는데, 문제는 북한정권이 여전히 체제유지 능력을 내적으로 보유하고 있다는 점이다. 이러한 상황에서 북한 내부의 주민들의 체제 비판능력은 향상되지 못하고, 일부 체제비판자는 내부에서 체제에 저항하기보다는 국가를 버리는 탈북자의 길을 택하고 있다. 이런 상황에서 북한정권은 기존의 개인숭배와 수령론을 바탕으로 비판능력이 제거된 이른바 '사회주의적 인간형'을 만드는 교육에 더욱 매진하고 있는 상황이다.

한편 외인론자들은 북한 인권문제가 오로지 북한 자체의 문제라기보다는 외적인 요인에서 기인하는 점이라고 주장한다. 즉, 북한의 체제와 인권문제를 서구자유주의의 시각에서 바라보지 말고 북한의 입장에서 바라보아야 한다는 것이다. 이른바 북한 인권문제에 대한 내재적 접근이다.16) 다른 시각에서는 북한의 인권문제가 체제 내적인 모순에서 기인했다기보다는 미국의 경제봉쇄와 비우호적인 국제환경이 경제위기를 불러왔다고 보는 것이다. 또한 경제붕괴로 기인한 북한의 인권문제는 지속되는 경제제재로 북한 스스로 풀 수 없는 문제가 되어 정권유지라는 제1목표 속에서 인권탄압의 강화로 이어진다.

결국 생존권을 포함한 북한주민들의 인권을 개선하기 위해서는 외부로부터의 지원이 무엇보다도 중요한 과제가 된다. 외부로부터의 지원은 기본적으로 시급한 현안인 식량부족 문제를 해결하기 위한 지원과 중장기적으로 북한경제 재건을 위한 국제적 협력이 필요하다. 나아가 북한의 피포위 인식을 덜어내기 위하여 평화체제의 체결과 같은 체제유지 합의가 필요하다. 그러나 북핵문제의 지속과 북한의 돌발적인 무력시위 등은 이와 같은 지원을 하기 위한 한국과 국제 여론을 악화시키는 방향으로 나아갔다.

북한의 태도와 무관하게 외인론적 시각에서 볼 때 북한 인권문제의 개선을 위해서는 우선적으로 국제사회가 북한의 체제유지와 경제개선을 위한 '건설적인' 노력을 기울여야 하며, 이 과정에서 한국의 역할이 주도적

---

16) 북한 인권에 대한 내재적 접근에 대해서는 서보혁, 「북한인권연구에서 내재적 시각의 의의와 한계」 참조.

이어야 한다는 결론으로 나아가게 된다. 그런데 이런 외인론자들은 북한
이 국가적으로 자행한 외국인 납치, 공개처형, 정치범수용소의 비인권적
상황들에 대해 고의적으로 외면하거나 현실을 축소하는 모습을 보임으로
써 인권문제 자체에 대한 진지한 접근 태도가 아니라는 비판을 받고 있다.

　이상에서 살펴본 바와 같이 북한의 인권침해 원인에 대한 상반된 주장
은 인권의 보편성·상대성 문제와 마찬가지로 그 해법에 있어서도 각기 다
른 방안을 주장하게 된다. 내부적 요인이 북한의 인권을 침해했다면 당연
히 북한체제 자체의 변화를 통해 인권개선을 도모해야 하는 것이 된다.
그러나 외부적 요인이 북한 인권의 침해하는 근본적 원인이라고 본다면
인권개선을 위해서는 외부적 환경 개선을 통해 북한 내부의 인권문제를
스스로 개선할 수 있도록 도움을 주어야 하는 것이 해법이 된다.

(3) 인권개선: A규약과 B규약의 우선성 문제

　앞서 언급했듯이 국제인권규약은 A규약과 B규약의 두 가지 영역으로
이루어져 있다. 전자는 '사회적·문화적 그리고 경제적 인권규약'이며, 후
자는 '시민적·정치적 권리에 관한 국제규약'이다. 대북정책에서 인권문
제는 A규약에 근거하여 대북지원을 강조하는 측면과 B규약에 근거하여
북한정부에 대한 압박을 우선시하는 두 가지 차원에서 논쟁이 된다. 이
문제에 대한 접근을 위해서는 우선적으로 A규약과 B규약이 말하고 있는
각 영역 인권과 어떤 연계를 가지고 있는지 구체적으로 파악하는 작업이
필요하다.

　여기에서는 인권침해의 원인을 사회문화적 요인, 경제적 요인 그리고
정치적 요인으로 분류하여 논의하도록 한다.[17) 먼저 사회문화적 요인에

---

17) 이와 같은 분류에 따른 논의는 주로 이수훈 외, 『북한인권 개선을 위한 중·장기

서 보면, 특정 사회집단을 비인간화하고 폭력 사용을 보복 혹은 정의구현의 수단으로 홍보하는 극단적인 정권이념은 인권침해와 연계되어 있다. 즉, 의도적으로 사회구성원들로 하여금 다른 집단에 대해 폭력적으로 대하도록 하는 사회 심리를 조성하기도 한다. 인권침해 상황을 유발하는 가장 핵심적인 변수는 피해자의 비인간화라고 할 수 있다. 비인간화를 시도하는 경우는 역사적으로 많은 사례들을 찾아볼 수 있으며, 특히 심각하고 끔직한 인권침해 상황들은 체계적으로 특정집단을 악마로 규정하고 비하하는 정권하에서 발생했다.[18] 이런 측면에서 자본주의 악(惡)으로 규정한 공산주의의 전통과 남북 대치상황에서 한국정부를 괴뢰로 규정하는 북한의 사회 작동원리는 사회문화적인 측면에서 인권침해의 저변을 포함하고 있다고 할 수 있다.

심리학적인 차원에서 인권침해를 둘러싼 구조를 살펴보면, 개인들은 매우 일상적인 이유로 살해와 상해를 되풀이하고 있다는 점에서 폭력이 구조화되어 있다고 한다. 대표적으로 스탠리 밀그램(Stanley Milgram)은 폭력가해 과정에서 권력의 역할에 대한 설명을 통해, 권력자가 독려할 경우 일반인들도 다른 사람들에게 상해를 주는 활동에 쉽게 공모하게 된다고 말한다.[19] 권력자의 명령에 의해 폭력을 행사하게 될 경우 스스로 책임감이 희석된다는 것이다. 또한 권력자에 대해 특별한 신뢰가 있을 경우에는 자신의 판단보다 권력자의 판단이 적절한 것이라는 인식을 가지고 자신들의 가치판단 유보를 합리화하게 된다.[20]

정책 및 로드맵 구축』(국가인권위원회, 2010), 13~21쪽을 참조.

18) 같은 책, 18쪽.

19) Mayra Gomez, *Human Rights in Cuba, El Salvador and Nicaragua: A Sociological Perspective on Human Rights Abuse*(London: Routledge, 2003), p. 38에서 재인용.

20) 이수훈 외, 『북한인권 개선을 위한 중·장기 정책 및 로드맵 구축』, 19쪽.

경제적 요인에서 보면, 전쟁과 기아 등 가혹한 조건 속에서는 기존의 사회규범이 무너지고 오직 생존을 위한 새로운 법칙이 만들어진다. 인류 역사상 절대빈곤에서는 인권침해 상황이 발생하는 것으로 분석된다. 경제발전과정에서 제한된 자원에 대한 경쟁으로 인해 사회적 갈등과 불안 상황이 발생하게 된다. 근대화이론 등을 통해 많은 연구자들이 경제성장률과 일인당 국민소득과 같은 경제적 요인과 정치발전의 상관성을 증명하려고 노력했다. 반대되는 현상도 종종 나타나기 때문에 통계학적으로 증명되지는 못했지만, 일반적으로 경제성장과 민주주의의 상관성에 대해서는 일정 정도 관련이 있다고 보는 견해가 크다.

이러한 연구동향은 반대로 절대빈곤 상황이 인권침해로 이어진다는 설명에도 유용하게 활용된다. 문화인류학적으로 이미 빈곤(poverty)은 많은 사회적 문제의 시작이라고 인식된다. 야생에서 맹수가 사냥을 하지 못하면 굶어 죽는 것과 마찬가지로 빈곤은 그 자체로 인간의 생존과 존엄을 위협한다.

한편 세계화는 대외무역을 통해 어떤 국가가 국제경제질서에 편입됨으로써 인권에 긍정적으로 기여한다는 주장도 제기되고 있다. 즉, 자유주의적 관점에서 무역은 경제발전과 민주주의에 기여하고 나아가 개인의 생존권과 안전권에 긍정적 영향을 미친다고 주장한다. 무역거래를 통해 확보된 소득이 삶의 질 향상을 위해 필요한 자원획득을 가능하게 하고, 자원부족이 완화된 상황에서 정권이 권력유지를 위해 억압적인 조치를 취하는 것을 어렵게 한다는 것이다.[21] 또한 무역규모가 증대되면 국제사회의 주요 가치인 인권존중이라는 압력에 모든 국가가 노출된다. 그러나 반대로 극단주의적 시각에서는 국제경제질서 자체가 불평등한 것이기 때

---

21) 같은 책, 18쪽.

문에 세계화 자체가 저개발 국가에게는 불리한 것이며, 또한 각국의 하층 계급에게 경제적으로 부정적인 영향을 미친다고 주장되기도 한다.

결국 경제적 차원에서 인권은 민주주의 발전론과 같은 맥락에서 인권 침해 상황을 측정하는 주요 변수로서 기능한다. 그러나 현실 속에서 각 변수의 상관성은 일정한 방향을 가지기보다는 상호영향을 끼치기 때문에 독립-종속의 변수 간 속성을 규정하기가 쉽지 않다. 따라서 경제발전을 통한 인권향상이라는 일방적인 가설은 현실에서 100% 적용되기 힘들다. 따라서 경제적 요인과 인권만을 두고 관계성을 파악하기보다는 다양한 변수들 속에서 두 상관성을 주목해야 할 필요가 제기된다.

마지막으로 정치적 요인과 인권의 상관성을 살펴보면 다음과 같다. 근대국가체제의 성립 이후 국가의 주요한 의무는 구성원의 기본적인 권리를 보호하는 것이다. 그러나 가장 심각한 인권침해는 주로 한 국가 내에서 정부가 개인의 권리를 제한하고 억압하는 것으로 나타난다. 비민주적인 정치체제를 유지하고 있는 국가에서 민간인에 대한 폭력 등 더 많은 인권침해가 이루어지는 반면, 민주적인 국가들에는 개인을 국가적 폭력으로부터 보호하고자 하는 제도가 존재한다. 또한 민주적 절차는 갈등 조정을 위한 노력들을 용이하게 하고, 타협과 주민참여를 위한 구조화된 통로를 허용하게 한다. 이러한 점에서 민주국가가 비민주주의적 국가보다 더욱 국민들의 기본 욕구에 대한 충실한 대응을 할 가능성이 높다.[22]

국가의 일(works)에서 가장 중요한 것 중의 하나가 안보의 유지·강화이다. 그런데 안보에 대한 강조는 종종 인권을 침해하는 기제로 작동한다. 즉, 국가가 개인 존엄성에 관한 국제인권규범을 위반할 때 이를 정당화하는 중요한 근거 중의 하나가 바로 국가안보에 대한 위협이다. 또한 인권

---

22) 같은 책, 13쪽.

에 관한 국제규범에 대한 위반을 정당화하기 위해 국가선(national good)이라는 대의명분을 통해 개인을 정치적으로 억압하게 된다.

　민주주의국가라 하더라도 대개의 경우 개인의 존엄과 사상의 자유라는 측면보다는 국가의 안보에 대한 위협에 대해 일정한 인권 억압적 요인을 가지고 있다. 또한 국가 비상사태의 경우 사회구성원의 기본적 인권을 전반적으로 유보·제한하기도 한다. 이렇듯 국가안보라는 이데올로기는 집권자의 의도에 따라 정보를 통제함으로써 위기를 확장하고 인권침해를 제도적으로 실행하는 막강한 힘을 가지고 있다.[23)

　경험적으로 권위주의 국가들은 군과 경찰력을 이용하여 정권유지 및 강화를 시도해왔으며, 이러한 과정에서 국민들의 권리를 제한하는 하위 법령들을 활용한다.[24) 강력한 독재체제를 유지하고 있는 북한의 경우 미 제국주의에 대한 안보적인 피포위 의식을 북한주민들에게 반세기 이상 강조하면서 역사를 왜곡하고 있는 상황이다. 대표적으로 북한은 한국전쟁을 남한과 미국의 북침이라고 교육하면서 제2의 북침을 막기 위해 여전히 선군정치, 군사제일주의 등을 강조해왔다. 이미 북한사회 내에 견고하게 부착된 4대 군사노선에 기반을 둔 행동과 사고는 국가안보의 위기상황과 이에 대한 비상 대응이라는 북한주민들의 정형화된 의식을 완성한 상황이다.

　따라서 안보적으로 위기상황에서 살고 있는(또는 있다고 믿는) 북한주민들은 독재체제에 의한 인권유린보다는 대외적인 적의 침략으로부터 자

---

23) 북한은 해방 이후 또는 한국전쟁 이후 지속적으로 아직 끝내지 못한 혁명을 완수하기 위한 노력을 계속하고 있다. 이와 같이 현재에도 북한의 혁명이데올로기가 지속되고 있다는 견해는 찰스 암스트롱, 『북조선탄생』, 김연철·이정우 옮김(서울: 서해문집, 2006) 참조.

24) 이수훈 외, 『북한인권 개선을 위한 중·장기 정책 및 로드맵 구축』, 15~16쪽.

신과 국가를 보호하기 위해 스스로 인권이 침해되는 상황을 감지하지 못하는 것으로 짐작된다. 그러나 이러한 북한주민들의 인식은 역사에 대한 객관적 교육을 통해 극복될 수 있는 문제이다. 따라서 북한주민들에 대한 바른 역사를 심어주는 것이 정치적 차원의 인권개선의 출발점이 될 것이다. 문제는 북한당국 역시 이러한 문제를 정확하게 인식하고 있다는 점이다. 따라서 그들은 필사적으로 역사를 왜곡하고 정확한 정보가 북한주민들에게 전달되는 것을 두려워한다. 체제유지를 위한 북한당국의 노력이 계속되는 한 정확한 정보가 주민들에게 퍼지는 것을 용납하지 않을 것이며, 이를 위해 정치적 요인에 따른 인권침해는 해소되기 힘든 상황이다.

이상에서 인권에 관한 A규약과 B규약의 우선성 문제를 파악하기 위해 사회, 문화, 경제, 정치의 각 영역에서의 문제가 인권과 어떤 관련을 가지는지를 간략하게 살펴보았다. 이와 관련된 논의는 다양하게 전개되어왔으며, 인권개선의 해법을 찾기 위해서는 필수적으로 고찰하여야 하는 부분이다. 그런데 위에서 살펴보았듯이 각각의 영역에서도 상반된 논의가 전개되고 있고, 각 분야에서의 변수들이 아직 그 상관성이 확실하게 증명되지 않았다. 따라서 북한 인권문제를 바라보는 데 A규약과 B규약의 어느 하나를 우선순위에 두고 접근하는 것은 북한에 대한 시각적 또는 정치적 소신에 따른 선택 이상의 것이 될 수 없다.

따라서 애초에 인류가 국제인권규약의 A규약과 B규약을 함께 채택해야만 했던 당시의 취지를 바탕으로, 북한 인권문제에 대한 접근은 어느 한 부분에 대한 강조보다는 서로가 서로를 인권개선에 긍정적으로 영향을 미칠 수 있는 방향으로 여러 요인들을 조합해나가는 노력이 필요하다. 서로가 긴밀하게 연계되어 있는 북한 인권문제의 해법을 찾기 위해서는 어느 한 분야에 대한 집중적인 선택보다는 전 방위적인 차원에서 시기와 상황에 따라 다양한 노력을 기울여야 할 것이기 때문이다.

3. 중국의 민주화운동: 톈안먼 사건의 전개과정

탈냉전 이후 민주주의와 인권보장의 실현을 위한 노력은 오늘날 세계
사의 큰 흐름이 되고 있다. 두 차례에 걸친 세계대전 동안 나치즘과 파시
즘이 보여준 만행은 인류에게 인권보호의 소중한 교훈을 남겼고, 이를 계
기로 세계는 인권보호를 위한 규약과 레짐을 형성하고 이를 제도화하기
위해 노력해왔다. 국제사회는 UN을 중심으로 「세계인권선언」과 「국제
인권규약」을 마련하여 인권보호의 시대를 열었고, 비정부기구와 단체들
도 인권보호를 위한 국제적 노력을 강화해왔다.[25] 또한 각 정부의 외교정
책 및 교섭 이슈로서 인권문제는 주요 어젠다가 되었고, 실질적·효율적
측면에서 지역 차원의 인권레짐이 형성되어왔다. 즉, 인권보장의 실현을
위한 노력은 다양한 행위주체들의 상호작용을 기반으로 한 다층적·다원
적 차원의 글로벌 거버넌스 개념하에서 현실화되고 있다고 할 수 있다.

이러한 인권과 관련된 글로벌 거버넌스는 소련 및 동유럽 사회주의 체
제전환 과정에 직간접적으로 많은 영향을 끼친 것으로 평가받고 있다. 유
럽의 자본주의국가들과 사회주의국가들의 안보협력 대화는 1975년 '헬
싱키최종의정서(Conference on Security and Cooperation in Europe Final
Act, 이하 헬싱키 협정)'를 만들어냈다. 인권문제가 제한적으로 적용되기
는 했지만 헬싱키 협정은 동유럽 사회주의국가들의 시민사회를 재활성화
하는 의도하지 않은 결과를 초래했다. 헬싱키 협정 이후 동유럽 사회주의
국가들에서 헬싱키 협정을 감시하는 다양한 시민사회단체가 결성되기 시
작했다. 특히 폴란드와 체코에서는 다른 국가들보다 적극적으로 헬싱키

---

25) 국제정치에서 인권의 규범화와 제도화에 대한 기본적 전개과정에 대한 정리는
   Jack Donnelly, *International Human Rights*(Boulder, CO: Westview Press,
   1998), Ch. I 참조.

협정을 감시하는 시민사회단체가 형성되었다. 폴란드에서는 이 감시단체들이 이른바 연대운동에 적극적으로 참여했다. 그리고 동유럽의 시민사회단체들은 수평적 네트워크의 형성을 통해 국경을 가로지르는 연대를 실천하기도 했다. 이들의 활동근거 가운데 하나는 헬싱키 협정에서 규정된 인권과 관련된 것으로 이러한 헬싱키 협정의 실천을 주장했었다.[26] 그런데 이러한 효과는 동아시아에서는 미미하게 이루어졌다. 즉, 헬싱키 프로세스에는 안보적 대치관계에 있는 제 국가들이 참여한 것에 반하여, 아시아에서의 인권 거버넌스는 역내 국가들 간의 대화보다는 문제점이 불거진 국가에 대해 미국을 위시한 서구 강대국들이 '창피주기' 차원과 경제적 제재를 병행하고, 상대는 이에 소극적으로 대응하는 형태로 이루어졌기 때문이다.

현재적 시점에서 볼 때, 중국은 소련 및 동유럽의 사례와 달리 점진적 개혁·개방의 성공을 통해 별다른 정치변화 없이 경제체제의 전환을 선별적으로 이루어냈다. 그렇지만 이 과정에서 거대한 정치적 소용돌이가 발생했는데 그것이 바로 톈안먼 사건이다. 소련과 동유럽에서의 정치적 격변과 전 세계적인 민주화의 열기는 중국에서 비극적인 결말로 진행되었다. 1980년대 덩샤오핑(鄧小平)의 개방정책은 경제적 성장과 함께 민주주의에 대한 열망을 내부적으로 확장시켰지만 의도적으로 억제되었다. 중국공산당 내에서 상대적으로 정치개혁의 상징적 존재였던 후야오방(胡耀邦) 전 총서기가 실각된 상황에서 중국은 '역사적인' 1989년을 맞이했다. 1989년은 경제개혁의 실패로 50%에 이르는 인플레이션이 나타나 중국

---

26) 헬싱키 협정의 체결과정에 관한 유럽 각국의 노력에 대한 유럽의 다양한 시각에 대해서는 Oliver Bange and Gottfried Niedhart, *Helsinki 1975 and the Transformation of Europe*(Oxford: Berghahn Books, 2008) 참조. 각 장별로 유럽 학자들의 다양한 견해가 전개된다.

각처에서 사재기 열풍이 불던 시기였다. 또한 1989년은 공교롭게도 프랑스혁명 200주년이 되는 상징적인 해였다. 중국 내부적으로는 제국주의에 저항한 5·4운동 70주년, 공산당 정권수립 40주년 및 '민주의 벽' 운동 10주년이 되는 해이기도 했다.[27] 시기적으로 여러 의미를 가지는 해에 중국인들이 현대사에서 가장 큰 인권적 후퇴를 경험한 것은 역설적인 일이다. 존경받는 과학자이자 인권운동가였던 팡리즈(方勵之) 등이 10년 전 '민주의 벽' 사건으로 수감 중인 웨이징성(魏京生)과 다른 정치범들의 석방을 촉구하는 편지를 덩샤오핑에게 보내는 등의 민주화운동을 전개하는 가운데, 4월 15일 후야오방이 사망했다.

　그의 사망은 민주화를 열망하는 사회적 분위기에 기름을 붓는 격이었다. 학생들과 시민들은 1976년 저우언라이(周恩來) 사망 때와 마찬가지로 자체적으로 추모식을 거행했고, 장례식인 4월 22일에는 10만 명이 모이게 되었다. 언론과 결사의 자유를 요구하는 시위는 정치민주화를 요구하는 구호로 확장되었으나, 중국 정부는 수용하지 않았다. 해결책을 찾지 못하는 가운데 시민들의 정치적 개혁 및 인권 요구가 강조되면서 급기야 톈안먼 사건이 시작되었다. 자발적으로 모인 많은 학생들과 시민들이 정부에 민주화를 요구했으나, 리펑(李鵬) 총리는 민주화 요구를 반정부 소요 사태로 규정하고 '혼란스러움'을 비난하면서도 방치했다. 5월 13일 시위를 하던 학생 3,000여 명이 단식에 돌입했는데, 그날은 바로 사회주의 개혁·개방의 상징이던 소련의 고르바초프가 중국을 방문하는 날이기도 했다. 단식 중이던 학생들이 병원에 실려 가고 각국 각지에서 동참시위가 일어나는 가운데에도 중국의 지도자들은 어떠한 선택도 내리지 못했다.

---

27) 1989년 톈안먼 사건에 이르기까지 20세기 중국에서 일어난 여러 혁명에 대한 간략한 설명은 찰리 호어, 『천안문으로 가는 길』, 김희정 옮김(서울: 책갈피, 2000)에 잘 설명되어 있다.

이러한 상황들은 마침 중·소 정상회담을 취재하러 베이징에 모인 각국의 기자들을 통해 전 세계에 중계되었고, 세계인들은 중국의 미래가 민주화의 과정으로 전환될 가능성을 조심스럽게 예측하기도 했다. 그러나 중국 지도부의 선택은 그러한 예상과 달랐다. 5월 20일 마침내 계엄령을 선포한 중국정부는 군대를 앞세워 톈안먼을 진압하려고 했다. 시민들의 '저항'28)이 있었으나 정부의 의지는 단호했고 결국 10만여 명이 모여 있던 톈안먼 광장 시위대를 해산시키는 '피의 진압'이 전개되었다.29) 애초부터 상황이 악화된 것은 아니었다. 초기에 계엄군들은 시민들의 저항에 따라 '작전'을 제대로 전개할 수 없었다. 대부분의 상황들이 많은 서방기자들에 의해 전 세계에 전달되었고, 중국 정부에 대한 국제적인 비난이 쏟아졌다. 그러나 상황은 결국 정부의 의지대로 종료되었고, 이후 중국에서 대중들의 민주화를 요구하는 대규모 시위는 사반세기가 흐르도록 더 이상 재연되지 않고 있다.30)

피의 진압 이후 민주화 시위의 상징이었던 팡리즈는 미국대사관으로 피신 후 미국으로 망명했으며, 여러 시위 주동자들도 중국을 떠나 반체제

---

28) 당시 중국인들의 저항은 무력을 동원한 적극적 저항이 아니라 그 유명한 '탱크행렬 앞 1인 저지' 사진에서와 같은 소극적 수준에서 이루어졌다. Jonathan D. Spence, *The Search for Modern China*(NY: W. W. Norton, 1990), pp. 741~742. 물론 시위 해산 당일에는 전차·장갑차를 투입한 무차별 진압작전이 이루어졌고 이에 대항하여 시위대들도 전차에 불을 지르는 등 격렬하게 저항하는 유혈사태가 발생했다.

29) 톈안먼 사건에서의 공식적인 사망자 수는 300여 명이다. 그러나 실제로는 세 배 이상의 희생자가 있다고 알려진다.

30) 이후 티베트과 신장위구르 지역에서의 소수민족의 독립요구 등이 중국 정부에 의해 강압적으로 진압되는 일들이 나타나곤 하는데, 이는 국가 차원에서의 민주화·인권 요구와는 다른 맥락에서 이해할 부분이다.

인권운동을 전개하고 있다.[31] 위대한 실패로 끝난 톈안먼 사건은 여전히 중국의 정치적 장래를 좌우하는 중요한 역사적 고리로서 기능하고 있다. 자본주의를 채택한 공산당 일당체제인 중국의 정치적 미래구상은 톈안먼 사건에 대한 새로운 해석과 중국인들의 합의 없이는 불가능하기 때문이다. 톈안먼 사건의 주역이자 민주화운동의 일선에서 지속적으로 활동해온 류샤오보(劉曉波)와 같은 상징적 존재가 2010년 노벨평화상 수상자가된 것은 국제사회가 여전히 중국의 민주화에 대한 압력을 가하는 것이고, 톈안먼 사건을 과거가 아닌 현실의 기억으로 회생시키고 있기 때문이다. 중국정부는 류샤오보가 중국 최초의 노벨상 수상자임에도, 사법 죄인에게 노벨상을 주는 것은 모독이라고 강하게 반발했으며 또한 서방국가의 정치적 음모라고 주장했다.[32] 중국의 현재의 풍요 속에 "신중국은 없고 공산당만 있다"[33]라는 류샤오보의 탄식에서와 같이 당 관료의 부정부패가 만연한 상황에서 현재의 풍요가 중단 또는 저하된다면 중국 사회의 민주화 동력은 톈안먼 사건에 대한 재해석을 요청할 것이다. 이는 곧 인권과 민주화에 대한 정립과 나아가 중국 정치체제의 변화를 야기하는 거대한 변동을 잉태한 기괴한 현재의 모습을 되돌아보게 한다.

상황을 진정시킨 중국정부는 국제사회의 비난에도 자기들의 방식으로 정치체제를 재구성했다. 즉, 중국정부는 민주화에 호의적이었던 자오쯔양(趙紫陽) 당 총서기를 퇴출시키고 장쩌민(江澤民) 상하이시 당서기를 총서기로 선출하면서 체제를 안정시켰다. 이러한 일련의 사태에서 국제사

---

31) 대표적으로 톈안먼 사건의 상징과 같은 존재인 학생대표 왕단(王丹)은 투옥과 석방을 거듭하다 1998년 미·중 간의 타협으로 병보석 후 미국으로 망명했다.

32) 류샤오보가 생각하는 중국의 민주화에 대한 의견은 류샤오보, 『류샤오보 중국을 말하다』, 김지은 옮김(서울: 영신사, 2011) 참조.

33) 같은 책, 13쪽.

회는 중국정부에 대해 엄청난 비난을 퍼부으며 실질적으로도 중국을 제재하는 모습을 보였으나 별다른 성과를 얻지 못했다. 인권이라는 보편적 가치를 중요시하면서도 주권국가인 중국에 대해 개입하는 것에 한계를 가지고 있었고, 무엇보다도 탈냉전의 국제기류 속에서 중국과의 불화가 새로운 국제체제를 구축하는 데 불리하다는 판단이 작동했다. 아울러 새로운 국제체제 속에서 미국의 국가이익 및 서방국가들의 경제적 이익을 도모하기 위해서 중국은 이미 중요한 역할을 부여받았기 때문이다.[34] 결국 중국의 톈안먼 사건에 대한 미국을 비롯한 국제사회의 인권개입은 외형적으로 일정 기간 이루어졌고 실제로도 그것이 중국을 압박하는 것이기도 했지만, 인권개선의 성과는 애초의 의도만큼 만족스러운 것이 되지 못했다.

4. 국제사회의 인권개입: 역할과 한계

톈안먼 사건을 대한 국제사회의 개입은 1990년대 초반까지 주로 외교적으로 '창피주기'와 경제제재의 차원에서 이루어졌으나 국가이익이라는 각국의 개별적 이해에 가려 인권개선이라는 궁극적 목표를 달성하는 데에는 큰 성과를 거두지 못했다. 경제적 성장에 비해 여전히 인권후진국을 벗어나지 못하는 중국의 경험을 바탕으로 인권 차원에서의 글로벌 거버넌스의 실효성과 한계를 톈안먼 사건 이후를 중심으로 분석할 필요가 대두된다. 결론적으로 톈안먼 사건에 대한 글로벌 인권 거버넌스는 중국

---

34) 이러한 미국의 입장에 대해서는 잭 도널리, 『인권과 국제정치』, 박정원 옮김(서울: 도서출판 오름, 2002), 223~228쪽.

의 인권개선에 별 영향을 끼치지 못했다. 사건 직후 미국 주도로 중국에 대한 봉쇄(containment)적 징벌이 내려졌지만 결국 각국의 경제적·정치적 이해관계는 '건설적'이라는 이름의 개입(engagement) 정책으로 전환되었다. 주지하듯이 중국은 아직까지 톈안먼 사건을 미봉하고 있으며, 인권후진국이라는 오명에서 벗어나지 못하고 있다. 그렇다면 한 국가의 인권개선에 대한 외부의 개입이 국내적 정책과 제도 개선의 산출로 이어질 가능성은 과연 존재하는가? 불가능하다면 글로벌 인권 거버넌스의 가능성은 공허한 목표인가? 이와 같은 질문에 대한 대답을 찾기 위해 여기에서는 톈안먼 사건 이후 미국을 위시한 각국의 대중국 인권정책 및 UN의 활동을 살펴보기로 한다.

중국정부의 피의 진압에 대해 전 세계는 중국정부에 무엇인가 제재를 가하고 또한 인권개선을 위한 조치를 취해야 한다는 암묵적 결의를 하게 된다. 공식적으로 서방 각국은 중국정부를 신랄하게 비난했다. 특히 미국 정부는 정부고관에 의한 접촉의 금지, 군 관계자의 교류정지, 무기와 고도기술의 수출금지 등의 제재조치를 발동하여 체포자의 석방을 요구했다. 또한 7월에 파리에서 열린 선진국정상회의(G7)에서도 중국을 비난하는 결의를 채택했다. 그러나 각국의 견해가 각각 다르고, 특히 강경하게 보였던 미국도 얼마 후 대통령의 안보보좌관을 특사로서 중국에 보내는 등 외형적 봉쇄정책과는 달리 상황을 정리하려는 태도를 보였다. 또한 미국의 압력에 의해 원하지 않는 대중 제재에 가담했던 일본은 이내 제재 해제를 위한 역할에 진력하는 모습을 보였다.[35]

톈안먼 사건 이후 미국의 주도하에 중국에 대한 대대적인 제재가 이루어졌다. 무엇보다도 중국에 대한 경제적 제재는 개방정책에 따라 경제발

---

35) 이에 대한 자세한 내용은 같은 책, 220~230쪽 참조.

전에 매진하던 중국에게 실질적인 압력이 되었다. 서방 각국은 세계은행을 통해 중국에 대한 차관을 동결하는 한편, 양자 간 원조에서도 상당액을 삭감하는 조치를 취했다.[36] 그러나 이러한 제재는 각국의 이해관계에 따라 오래 지속되지 못하고, 1992년 들어 톈안먼 사건 이전인 1988년의 원조액을 초과하게 되었다. 국제사회의 대중국 제재가 지속되지 못한 데에는 제재에 따르는 손실이 중국에만 해당되는 것이 아니라 제재국에 대해서도 적용되는 제재의 양방향성에서 기인한다. 예를 들어 일본에 중국의 안정은 자국의 경제적 이익과 지역안보의 차원에서 꼭 필요한 조건이었다. 따라서 미국의 압력에 따라 제재에 동참하는 모습을 보였지만, 실질적으로 일본의 행동은 중국정부와의 관계 손상을 바라지 않았다.[37] 일본에 거주하던 중국유학생들은 비자 만료에 따라 중국에 송환되었다. 중국의 인권문제는 일본의 막대한 국가이익에 비해 초라한 목표일 뿐이었다.

일본이 적극적으로 중국을 지원한 것과는 달리 미국은 인권문제를 내세워 중국에 대한 제재를 원칙적인 기준으로 삼았다. 그러나 외형상의 기준은 실질적인 차원에서 그대로 실행되지 않았다. 톈안먼 사건 직후인 1989년 7월에 무기금수 목록에 올라 있던 항공기가 중국에 판매되었고, 당시 국무장관이던 제임스 베이커(James Baker)는 중국 외무부와 협조적인 관계를 유지하며 비밀리에 여러 타협적 조치들을 진행했다. 또한 인권

---

36) 그동안의 원조액 추이로 볼 때, 중국은 톈안먼 사건으로 인해 최소한 110억 달러의 손실을 입었다고 평가된다. Nicholas R. Landy, *China in the World Economy* (Washington, D.C.: Institute for International Economics, 1994)의 table 3.6 과 3.7 참조.

37) 대표적으로 톈안먼 사건 직후인 6월 7일 일본은 중국에 내정간섭을 할 의사가 없다는 문서를 전달했고, G7회의에서 공동제재안을 마련하는 것을 막는 데 주도적이었다. 잭 도널리, 『인권과 국제정치』, 222쪽.

을 강조하는 민주당이 장악한 의회와 관계 개선을 선호하는 공화당 정부와의 불협화음은 일관성이 결여된 정책들을 양산하면서 중국에 대해 인권개선의 커다란 압력으로 작동하지 못했다고 볼 수 있다. 일본에서와 마찬가지로 미국주재 중국유학생들은 비자 기간을 연장하지 못하고 중국으로 송환되었다.38) 이러한 불협화음의 대표적인 사례로서 1992년 3월, 중국의 무역 최혜국 대우 연장에 대한 인권연계안이 의회에서 통과되었음에도 부시 대통령은 이에 대해 거부권을 행사했다.39) 클린턴 행정부의 등장 이후 미국과 중국의 관계는 실질적으로 더욱 강화되었으며, 미국은 중국에 대한 제재보다는 이른바 포괄적(comprehensive) 개입정책으로 전환함으로써 국제사회에서 중국의 지위를 회복시켜주었다.

미국이 인권이라는 중요한 가치를 중국에 강요하는 데 사실상 실패하고 협조의 길을 택한 이유는 앞서 언급했던 것과 같이 국가이익의 차원에서 중국 제재가 스스로의 손실도 감수해야 한다는 점 때문이었다. 일본이 미국의 의도와 달리 독자적으로 중국과의 관계 개선에 매진한 것과 함께, 독일 등 유럽국가 역시 중국과의 경제관계를 확대해나가는 모습을 보였다.40) 동맹국이지만 경제적으로 라이벌 관계에 있는 일본과 유럽 국가들이 미국의 제재국면에서 실리를 택하는 모습을 보이자 미국 역시 자국 기

---

38) 의회에서 중국유학생들의 비자기간을 자동으로 연장하는 법안이 통과되었음에도 불구하고 부시 대통령은 이 법안에 대해 거부권을 행사했다. 이 시기 미국은 중국에 3대의 통신위성을 판매했다. 같은 책, 224쪽.

39) 이러한 미 행정부의 태도는 클린턴 민주당 정부의 탄생으로 외형상 전환되는 모습을 보였으나, 실질적으로 대중국 정책에서는 아무런 변화가 없었고, 1993년 시애틀에서 개최된 아시아-태평양경제협력포럼(APEC)에서 미·중 정상회담이 이루어지는 등 오히려 관계정상화가 진행되었다.

40) 예를 들어 독일의 헬무트 콜(Helmut Kohl) 수상은 1993년 11월 중국 방문을 통해 30억 달러의 계약을 성사시켰다.

업들의 손실을 무시할 수 없는 상황에 처하게 되었다. 1994년 9월 재계 대표단이 방중을 통해 50억 달러가 넘는 계약을 체결한 이래 미국 역시 중국에 대한 제재를 지속할 명분을 잃게 되었다. 동맹국들이 글로벌 인권 거버넌스의 합의를 무시하고 경제적 이익을 도모하는 동안 미국 스스로 상대적 손실을 보는 상황에서 미국의 대중국 인권정책의 실효성은 점점 떨어지게 된 것이다. 상황이 이렇게 진전되는 과정에는 탈냉전의 국제안 보 환경도 적잖은 영향을 미쳤다. 캄보디아 사태 및 걸프전에 대한 미국 의 행동에 대해 중국은 미국과 협조함으로써 반대의사를 적극적으로 밝 히지 않았다. 경제적 이해와 함께 안보문제에 대한 중국의 대미 협조는 미국이 중국에 대해 인권정책을 올곧게 펼칠 수 없게 했다. 탈냉전의 국 제안보질서를 구축하는 과정에서 상대의 동의와 협력이 절실한 것은 미 국이었기 때문이다.[41)]

한편, 현존하는 글로벌 거버넌스의 상징적 기관인 UN은 너무도 무기 력한 모습을 보였다. 총회에서는 물론 인권위원회에서도 톈안먼 사건에 대한 결의조차 이루어지지 않았다. 단지 독립적인 전문가들로 구성된 소 위원회(sub-committee)에서 톈안먼 사건의 연루자들에 대한 중국 당국의 선처를 호소하는 낮은 수준의 결의가 있었던 것이 유일한 성과였다.[42)] 국 제외교무대에서 중국은 전방위외교를 통해 국제사회의 중대한 결의를 막 는 데 성공했다. 이렇듯 중국이 UN의 결의에 대해 최대한 신경을 쓰며

---

41) 국제적 제재의 진행과 중국의 대응에 대한 구체적 전개는 Ann Kent, *Between Freedom and Subsistence: China and Human Rights*(Oxford: Oxford Univ. Press, 1993), pp. 213~230 참조.

42) Ann Kent, "China and International Human Rights Regime: A Case Study of Multilateral Monitoring, 1989~1994," *Human Rights Quarterly*, Vol. 17, No. 1(1995), pp. 41~47.

이를 막으려 했다는 점은 한편으로 글로벌 인권레짐의 기능성을 인정하는 것이라는 점에서 의미를 가진다. 그러나 다른 한편으로 중국의 사례는 UN이라는 틀(frame)에서 글로벌 인권 거버넌스를 규약하고 실천한다는 것에 대한 한계를 만천하에 노출하는 것이기도 했다.

위의 내용을 정리해보면 다음과 같다. 1989년 이미 서방세계와 여러 중요한 관계를 맺고 있던 사회주의국가 중국에서 톈안먼 사건이 벌어졌다. 중국정부의 강경정책은 많은 사상자를 발생시켰고 또한 인권정책의 발전적 전환가능성을 차단했다. 국제사회는 톈안먼 사건을 계기로 중국의 인권문제에 개입하는 양상을 보였으나, 그 효과는 미미했다. 오로지 미국만이 중국의 인권개선을 위해 여러 가지 의도와 수단을 통해 강경정책을 펼쳤으나 1993년 장쩌민과의 정상회동을 통해 이러한 상황은 종료되었다. 그러나 일련의 상황 전개에 대한 국가주권 중심의 단순한 현실주의적 결론은 너무 비관적인 미래를 상정한다. 중국은 외교정책의 차원에서 스스로의 인권기준을 강화·정당화하며 국가주권 개념을 강조하는 정책을 국제사회에 내놓았다. 그러나 한편으로 국제사회의 인권규범에 대한 동의의 폭은 과거보다 커졌다. 이는 국제무대에서 국가의 정치경제적 역할 확대가 인권규범에 대한 독자적 해석에 한계를 보인다는 점을 말한다.[43] 따라서 중국에서 제2의 톈안먼 사건이 발생한다면 그 결말은 지난 1989년의 그것과는 다른 양상으로 결말짓게 될 것이라는 전망의 가능성을 열어준다.

중국은 톈안먼 사건 이후 국제사회의 경제제재에 대해 민감하게 반응

---

43) 실제로 중국정부는 국제사회의 압력을 해소하기 위해 톈안먼 사건으로 수감된 많은 정치범들을 석방하는 등 어느 정도 외부압력에 반응했다. 여전히 국내정치적으로 공산당의 입지가 굳건하지만 제한된 수준에서나마 국제기준의 인권에 대한 이해의 폭은 확대되었다고 볼 수 있다.

했고 또한 외교적으로도 오명을 쓰지 않기 위해 노력하는 모습을 보였다. 이러한 경험을 통해 볼 때, 인권문제에 대한 국제사회의 개입은 명확하고 실질적이지는 않으나 어떤 성과의 가능성이 존재한다는 점은 확실하다. 톈안먼 사건 이후 중국은 놀라운 경제성장을 통해 미국과 함께 'G2'에 등극했음에도 불구하고 세계의 지도국(혹은 패권국)이 될 가능성이 높지 않다. 21세기의 국제적 기준에 맞지 않는 정치적 후진성과 비민주는 경제 성장의 동력을 상실하는 임계구간에서 한계를 노출할 가능성이 크기 때 문이다.[44] 결국 톈안먼 사건을 통해 민주화를 열망하던 중국시민들은 실 패를 경험했고, 톈안먼 사건에 따른 개입과정에서 국제사회 역시 별다른 성과를 얻지 못했다. 그러나 글로벌 인권 거버넌스 차원에서 국제사회의 인권개입은 즉각적인 성과를 얻지 못했다는 한계에도, 상황을 더 이상 악 화시키기 않고 중국을 국제적 어젠다로 수용하는 일정한 틀 속에 묶어놓 았다는 잠재적 성과를 거두었다. 비록 국가이익이라는 한계를 뛰어넘지 는 못했지만, 인권보호의 당위성을 실천했다는 점에서 실현된 성과 이상 의 잠재적 의미를 가진다.

---

44) 중국이 외형적 발전에 비해 내부적으로 허약성을 가지고 있다는 주장은 여러 학 자들에 의해 제기되고 있다. 대표적으로 기 소르망(Guy Sorman)은 중국의 노동 착취에 따른 발전의 허상을 비판하면서 중국 공산당의 몰락까지 예측하고 있다. 기 소르망, 『중국이라는 거짓말: 경제성장의 장막에 가려진 중국』, 홍상희·박혜 영 옮김(서울: 문학세계사, 2006). 한편 사회학적 관점에서 중국의 급속한 경제 성장과 국력신장에도 세계의 지도국이 될 수 없다는 비판적 시각도 존재한다. 라 크루와·매리어트, 『왜 중국은 세계의 패권을 쥘 수 없는가』, 김승완·황미영 옮김 (서울: 평사리, 2011) 참조.

5. 결론

북한 인권문제는 이미 국제적인 이슈로 부각되어 UN 총회 및 인권이사회에서 연례행사처럼 북한 인권 결의안을 통과시키고 있으며, 국제엠네스티를 비롯한 국제적 인권단체들이 매년 실태보고서를 발표하고 있다. 특히 미국과 일본은 각각 2004년과 2006년에 「북한인권법」을 제정·공포했다. 이러한 흐름은 북한 인권문제가 단지 남북한의 문제가 아니라 국제평화의 관점에서 바라보아야 할 의제로 인식되고 있음을 말해준다. 이런 차원에서 볼 때, 톈안먼 사건에서 나타난 국제사회의 인권개입과 그에 따른 중국의 대응 및 최종적 결과는 글로벌 인권 거버넌스를 통한 북한의 인권상황 개선에 중요한 기준을 제시해준다. 특히 북한이 인권문제를 바라보는 시각과 수준은 중국의 경험과 전망을 벗어나기 힘들다는 점에서 더욱 그러하다. 또한 중국의 경험을 바탕으로 사회주의 체제전환 과정에서 인권개선을 위한 국제적 노력이 실제로 인권개선에 미치는 직접적 영향은 서구적 시각에서 볼 때 한계가 존재하는 것이 사실이다. 따라서 대북 인권정책을 펼치는 데 과도한 기대와 목표치는 글로벌 인권 거버넌스의 실효성에 대한 비판으로 이어질 수 있다는 점에서 조심스러운 접근이 필요하다.

중국을 최대후원국으로 하는 북한의 인권개선 상황이 대중국 글로벌 인권 거버넌스 차원 이상으로 독자적인 진행을 하기는 힘들 것으로 예견된다. 따라서 북한의 인권개선을 위한 글로벌 거버넌스는 북·중관계와 중국 내부의 인권상황 개선 수위를 고려한 전략이 필수적이다. 이런 점에서 톈안먼 사건에서 나타난 국제사회의 개입 사례에서 북한 인권개선을 위한 몇 가지 함의를 도출해볼 수 있다.

첫째, 인권에 대한 국제사회의 기준을 일관적으로 제시하는 노력을 통해 해당국의 인권에 대한 민감도를 높일 수 있다는 점이다. 비록 중국의 주목할 만한 인권개선을 견인하지는 못했지만 국제사회의 인권개입은 중국의 인권에 대한 정책적 인식을 변화시켰다. 자국의 국제적 위상과 경제이익을 위해 인권 차원에서의 일정 수준의 양보가 실현될 수 있다.

둘째, 인권탄압에 대한 경제제재는 국제사회의 전면적 실행이 담보될 때 실질적인 강제력을 발휘할 수 있다. 중국에 대한 제재에서 서방 각국은 다른 입장과 행동을 보였고, 결국 주목할 만한 인권개선으로 연결되지 않았다. 따라서 북한의 경우, 중국의 절대적 지원이 존재한다는 점에서 중국의 참여 없는 경제제재는 실효성이 매우 낮다고 할 수 있다.

셋째, 불안정한 안보상황은 인권문제에 대한 중요성을 반감시킨다. 중국은 탈냉전의 불안정한 안보상황에서 미국의 안보입장에 암묵적으로 동조함으로써 강압정책을 완화시켰다. 이런 점에서 핵무기 보유를 통해 안보불안정의 지렛대를 잡고 있는 북한을 순수한 인권논의의 틀에 가두기는 어렵다. 따라서 북한 인권문제는 동북아 안보상황의 진전과 함께 점진적으로 개선될 가능성이 크다.

넷째, 위의 논의와 관련하여 동유럽의 인권개선과 민주화의 성공 사례가 역내 구성원들의 다자안보협력의 오랜 노력 속에서 이루어진 것을 상기할 필요가 있다. 동북아 국가들의 공동안보에 대한 인식의 공유와 실천 없이 북한의 인권문제만 별도로 개선시킬 가능성은 매우 낮다.

이런 측면에서 볼 때, 신속하고 실질적인 북한 인권개선을 위한 명확한 방법은 존재하지 않는다. 이러한 결론이 불가피한 것은 북한 인권의 개선을 위해서는 다양한 분야에서 포괄적이고 적극적인 노력이 필요하고, 최종적으로 북한이 이를 수용할 수 있는 체제안정성의 여유가 생겨야 하기 때문이다. 즉 북핵문제가 해결되지 않고 한반도를 둘러싼 안보적 먹구름이 걷히지 않는 상황에서 북한 인권문제는 아무리 개별적으로 접근하려고 해도 그것을 수용하는 쪽이나 지원하는 쪽이나 여러 정치적 고려와 선택을 하지 않을 수 없다. 따라서 북한 인권문제의 해결을 위한 한국과 국제사회의 역할은 고도의 전략을 가지고 있어야 한다. 이는 북한의 열악한 인권상황에 대한 무조건적 비판이 아닌 실효성을 담보할 여러 정치·군사·외교적 환경을 조성하는 과정에서 병행해야 할 문제이다. 결국 북한의 인권문제는 인권상황 자체의 문제가 아닌 현재의 남북한관계와 동북아의 정치군사적 상황을 전체적으로 반영하는 것이다.

　결론적으로 북한 인권문제의 해결을 위한 즉각적인 비책은 중국의 경험에서 보듯이 불가능해 보인다. 그렇다고 한국과 국제사회가 아무것도 하지 않고 현 상황을 방관할 수도 없는 일이다. 아무런 행동도 취하지 않는다는 것은 인류의 보편적 가치에 대한 믿음을 저버리는 행동이다. 비록 조속한 결과를 담보하지는 않더라도 일관성을 가지는 행동을 통해 국제사회의 가치는 상징적으로나마 의미를 가지는 것이고, 그것은 미래의 상황에 대비하는 중대한 실천이 될 수 있기 때문이다. "연못에 나가 물고기를 선망하기보다는 집으로 돌아가 고기 잡는 그물을 만드는 것이 낫다(臨淵羨魚 不如退而結網)."[45]

---

45) 이 문구는 『한서(漢書)』, 「동중서전(董仲舒傳)」에 나오는 것으로, 중국 인권문제에 대한 국제사회의 인권개입을 다룬 책의 제목이기도 하다. James Shinn(ed.), *Weaving the Net: Conditional Engagement with China*(NY: Council on Foreign Relations Press, 1996).

참고문헌

1. 국내문헌

김원식. 2005. 「북한 인권 논의의 현황과 전망」. ≪사회와 철학≫, 제9호.

도널리, 잭(Jack Donnelly). 2002. 『인권과 국제정치』. 박정원 옮김. 서울: 도서출판 오름.

라크루와·매리어트(Karl Lacroix and David Marriott). 2011. 『왜 중국은 세계의 패권을 쥘 수 없는가』. 김승완·황미영 옮김. 서울: 평사리.

류샤오보(劉曉波). 2011. 『류샤오보 중국을 말하다』. 김지은 옮김. 서울: 영신사.

서보혁. 2006. 「북한인권연구에서 내재적 시각의 의의와 한계」. ≪현대북한연구≫, 제9권 1호.

소르망, 기(Guy Sorman). 2006. 『중국이라는 거짓말: 경제성장의 장막에 가려진 중국』. 홍상희·박혜영 옮김. 서울: 문학세계사.

암스트롱, 찰스(Charles K. Armstrong). 2006. 『북조선 탄생』. 김연철·이정우 옮김. 서울: 서해문집.

우승지. 2006. 「북한인권문제 연구의 쟁점과 과제」. ≪국제정치논총≫, 제46권 제3호.

이수훈 외. 2010. 『북한인권 개선을 위한 중·장기 정책 및 로드맵 구축』. 국가인권위원회.

이정우. 2011. 「북한인권 문제에 대한 쟁점과 해법」. ≪정치·정보연구≫, 제14권 2호.

최의철. 2003. 「국제사회의 인도적 개입: 이론과 실제」. ≪통일정책연구≫, 제12권 2호.

호어, 찰리(Charlie Hore). 2000. 『천안문으로 가는 길』. 김희정 옮김. 서울: 책갈피.

2. 국외문헌

Bange, Oliver and Gottfried Niedhart. 2008. *Helsinki 1975 and the Transformation of Europe*. Oxford: Berghahn Books.

Cummings, Bruce. 2004. *North Korea: Another Country?* New York: New York Press.

Donnelly, Jack. 1998. *International Human Rights*. Boulder, CO: Westview Press.

Franck, Thomas M. 2003. "Interpretation and change in the law of humanitarian intervention." in J. L. Holzgrefe and Robert O. Keohane(eds.). *Humanitarian Intervention*. Cambridge, UK: Cambridge University Press.

Gomez, Mayra. 2003. *Human Rights in Cuba, El Salvador and Nicaragua: A Sociological Perspective on Human Rights Abuse*. London: Routledge.

Jacobson, Harold K. 1979. *Networks of interdependence: International Organizations and the Global Political System*. NY: Knopf.

Karns, Margaret P. and Karen A. Mingst. 2010. *International Organization: The Politics and Processes of Global Governance*. Boulder, CO: Lynne Rienner Publishers.

Kent, Ann. 1995. "China and International Human Rights Regime: A Case Study of Multilateral Monitoring, 1989~1994." *Human Rights Quarterly*, Vol. 17, No. 1.

Kent, Ann. 1993. *Between Freedom and Subsistence: China and Human Rights*. Oxford: Oxford Univ. Press.

Keohane, Robert O. and Joseph S. Nye, Jr. 1977. *Power and Interdependence: World Politics in Transition*. Boston: Little, Brown.

Landy, Nicholas R. 1994. *China in the World Economy*. Washington, D.C.: Institute for International Economics.

Shinn, James(ed.). 1996. *Weaving the Net: Conditional Engagement with China*. NY: Council on Foreign Relations Press.

Spence, Jonathan D. 1990. *The Search for Modern China*. NY: W. W. Norton.

Vincent, R. J. 1974. *Nonintervention and International Order*. Princeton, N.J.: Princeton University Press.

Waltz, Kenneth. 1979. *Theory of International Politics*. Reading, Mass.: Addison-Webley.

Wendt, Alexander. 1995. "Constructing International Politics." *International Security*. Vol. 20, No. 1.

3. 기타자료

≪연합뉴스≫. 1994.2.18.

제6장

동유럽 사회주의 체제전환과 글로벌 거버넌스
: 서독의 동방정책과 CSCE를 중심으로

김갑식

1. 문제제기

동독의 체제전환 과정과 독일 통일의 성립을 분석하는 일은 아직까지 분단체계를 유지하고 있는 한반도에 각별한 의미를 지닌다. 사회주의 체제의 붕괴와 그에 따른 냉전체제의 종식이라는 독특한 상황은 북한의 체제전환과 한반도 분단해소에 접근하는 사고에 상당한 시사점을 제공한다. 물론 독일과 한반도는 분단의 성격, 분단 양국 간의 관계유형, 그리고 세계체제 내 주변국과의 관계 위상이 달라서 곧바로 유추나 대비를 할 수 없다.[1] 그럼에도 동독의 사례는 사회주의 체제전환과 관련하여 비교대상이 있고, 글로벌 거버넌스에서 그 어떤 국가보다도 분단 상대방의 정책이 중요하다는 점 등에서 유의미하다.

동독이 서독과 마찬가지로 국제사회에서 주권국가로 처음으로 인정받게 된 것은 1975년 6월 헬싱키 회담에서였다. 이때 서독은 헬싱키 프로

---

1) 손영원, 「동독의 몰락과 설명유형론」, ≪독일학지≫, 13(1995), 2쪽.

세스에 참여하면서 독일 통일이 상당히 늦어질 것으로 예상했다. 그러나 25년 뒤인 1990년, 동독은 세계사에서 사라지게 되었고, 서독은 평화적인 방법으로 통일하는 '의도하지 않은 역사적인 선물'을 받았다.[2] 동독이 자체 개혁에 착수할 즈음에 스스로 자신의 존립을 포기했기 때문에, 이후 동독의 체제전환은 서독의 주도하에 적극적 지원을 받으며 흡수통일의 형태로 실현되었다.[3]

분단된 한반도에서 사회주의 체제전환과 통일의 문제를 어떻게 바라볼 것인가는 매우 중요한 문제일 수밖에 없다. 따라서 사회주의 체제전환 연구에서 독일 사례는 분단된 한반도에 적지 않은 시사점을 제공할 수 있다. 그간 동서독 통일에 대한 서독의 역할에 대한 연구는 적지 않게 진행되었다. 또한 헬싱키 프로세스가 사회주의 체제전환에 미친 영향에 대해서도 많은 연구가 제출되었다. 그러나 동독의 체제전환 과정과 통일정책 그리고 이것을 글로벌 거버넌스 관점에서 분석한 연구는 그리 많지 않다.[4]

본 연구에서는 동독의 체제전환과 통일이 거의 동시에 진행되었고, 서독의 동방정책과 유럽안보협력회의(Conference for Security and Cooperation in Europe: CSCE)가 맥을 같이하면서 발전했다는 사실에 주목한다.[5] 두

---

2) 신인아, 「서독 신동방정책의 의의와 남북관계에 주는 교훈」, 박경서 외, 『헬싱키 프로세스와 동북아 안보협력』(파주: 한국학술정보, 2012), 106쪽.

3) 헬무트 바그너, 「특수사례로서 동독의 체제전환: 특별한 조건과 예외적 결과」, ≪현대북한연구≫, 10권 3호(2007), 91쪽.

4) 거의 유일한 연구로는 김진호, 「1969-74년 시기의 독일연방공화국의 독일정책과 CSCE」, ≪평화연구≫, 17권 1호(2009).

5) CSCE(OSCE)는 군사적 신뢰구축 및 군비축소를 통한 안전보장 확보문제를 중심으로 소수민족문제, 인권문제, 경제문제에 이르는 안보에 대한 다면적 접근(multi-faceted approach)을 통해 회원국들의 공동인식을 제고함으로써 안정적 안보환경

개의 역사적 사건은 동서독 간의 신뢰 구축, 정보유통, 외부로부터의 지원이 맞물리면서 진행되었다. 그리고 그 연원이 브란트의 동방정책과 유럽정책에 있었다. 따라서 본 연구는 1970년대 브란트 정권 시기의 '접근을 통한 변화'를 추구했던 동방정책이 CSCE와 어떻게 연결되는지를 살펴봄으로써, 이것이 한반도에 주는 시사점을 도출하고자 한다.

2. 동독의 체제전환에 대한 논의

동독의 체제전환과 붕괴에 대한 원인으로 가장 의미 있게 언급되는 것이 소련의 불개입 결정이고, 이와 연관시켜 제기되는 것이 체제 내적 결핍과 자본주의 우위성이다.

정용길과 폰 바이메는 소련의 불개입결정에 주목한다. 정용길은 소련과 동유럽의 개혁운동이 동독 변화의 촉매제 역할을 했는데, 그중에서도 소련 고르바초프의 개혁·개방정책이 동독의 개혁 분위기 고조에 결정적으로 기여했다고 보았다.[6] 소련의 불개입 결정이 체제전환에 중요한 역할을 했다고 주장한 클라우스 폰 바이메(Klaus von Beyme)는 1989년 이전에는 대부분의 체제변동이 외부로부터 커다란 영향을 받지 않았는데, 그 이후에는 대외정책적 요인들이 다양한 방식으로 체제변동에 영향을 미쳤다고 분석했다.[7]

의 조성을 도모하고자 하는 지역 다자안보협의체(forum for political dialogue)이다. 컨센서스에 의한 의사결정방식을 채택함으로써 인권분야가 취약한 동구진영에 인권논의 부담을 줄여 논의가 지속될 수 있는 토대를 부여했다. 외교통상부, 「OSCE개황」(2010) 참조.

6) 정용길, 『독일 1990년 10월 3일』(서울: 동국대학교출판부, 2009), 210쪽.

사회주의 체제의 내적 결핍과 자본주의 우위성에 더 많은 비중을 두고
있는 학자는 손영원과 유팔무이다. 손영원은 동독의 붕괴가 저항 없이 진
행된 것은 프롤레타리아 국제주의와 반제-반자본주의 정책을 포기하고
발전된 자본주의국가들과의 협력을 선택한 소련의 정책전환과 연관시켜
야 한다고 주장했다. 그는 소련의 개혁시도 이후 체제대결의 의식적 축소
와 국제화의 확대는 '가증스러운' 자본주의 상을 소멸시켜갔고, 자본주
의가 더 나은 대안으로 간주되게 만들었다고 보았다.8) 유팔무는 동독의
사회주의 세력이 독자적인 힘과 능력으로 국가권력을 장악하지 못했던
역사적 사실에 주목했다. 이러한 체제의 취약성은 권력적 억압과 이데올
로기적 통제, 대외적 폐쇄정책을 통해 30여 년간 유지될 수 있었지만,
1980년대에 이르러 소련의 개방과 동구의 개혁, 서독과의 문화적 교류
및 부분적인 국경개방 등을 통해 급속한 붕괴로 연결되었다는 것이다.9)

에리히 한(Erich Hahn) 역시 체제 내적 결핍과 자본주의 체제에 대한 상
대적 열악성에서 동독의 체제전환 원인을 찾았다. 그는 내부위기로 ① 근
대적이고 효율적인 생산력 미발전, ② 천연자원의 가격인상, 새로운 군
비경쟁, 사회와 환경 사이의 관계에서 위기의 가시화, 경제발전에 미국의
감시 등 지구적 위기심화, ③ 마르크스-레닌주의 정당의 모순, ④ 마르크
스이론의 잘못된 집행 등을 언급했다. 또한 외부요인으로는 사회주의와
자본주의 사이의 체제경쟁과 근대사회의 가치 변화현상을 거론했다.

한편, 이반 셀레니와 발라즈 셀레니(Ivan Szelenyi and Balazs Szelenyi)는

---

7) 클라우스 폰 바이메, 『탈사회주의와 체제전환』, 이규영 옮김(서울: 서강대학교출
   판부, 2000), 49~56쪽.

8) 손영원, 「동독의 몰락과 설명유형론」, 3~4쪽.

9) 유팔무, 「(구)동독 사회의 구조와 사회불평등 체계의 변화」, 김채윤·장경섭 편,
   『변혁기 사회주의와 계급·계층』(서울: 서울대학교출판부, 1996), 135~152쪽.

내외적 요인의 상호작용의 결과로 사회주의 붕괴를 설명했다. 이들은 1975년 이후 동유럽 경제침체의 주범인 외적 요인에 입각한 국가사회주의 붕괴결정론에 입각해 있다. 즉 첫째, 세계시장에서의 석유 값이 폭등했고, 둘째, 석유 값의 폭등 결과 아랍으로부터 싼 차관이 가능하여 빚이 늘어났고, 셋째, 경제의 재구조화에 실패했으며, 넷째, 세계시장이 개방된 것 등을 의미 있게 다루었다. 비경제적 외부요인으로는 레이건 동방정책으로 인한 무기경쟁의 가속화와 별들의 전쟁 프로그램, 군비경쟁 등을 들었다.[10)]

3. 브란트의 동방정책과 CSCE

서독의 아데나워 정부(1949~1963년)와 기민련(기독교민주연합) 주도의 이후 정부들(1963~1966년 루트비히 에르하르트 총리 집권기, 1966~1969년 기민련/사민당의 대연정)은 서방으로의 통합정책과 '힘의 우위정책'에 입각해서 단독대표 원칙과 동독국가 불인정 입장을 기본적으로 고수했다. 동독을 대화상대방으로 인정하지 않고 외교적으로 철저히 고립시키면, 동독이 곧 자체 붕괴로 나아갈 것이라는 확신을 가지고 있었다. 그러나 1961년 베를린장벽 건설에서 알 수 있듯이, 이러한 일방주의적 외교와 대동독정책은 적대와 질시의 민족분단만 강화시키는 결과를 가져왔다. 한편, 민주적 정당성이 결핍된 동독의 사통당(사회주의통일당)은 건국 초기부터 동독의 국제법적 인정과 내부 정치적 불만의 중화와 통제를 위해 지속적으로 민족통일의 정치적 수사를 내세웠다. 그러나 이들 역시 서독

---

10) 정흥모, 『체제전환기의 동유럽 국가 연구』(서울: 도서출판 오름, 2001), 37~46쪽.

정부처럼 진정한 협상을 할 생각은 전혀 없었다. 동독 지도부는 자신들의 생존을 위해 단지 소련의 대서방 압력정책의 도구적 역할만을 수행했었다.

빌리 브란트(Willy Brandt)와 헬무트 슈미트(Helmut Schmidt) 총리 주도하의 서독 사민당/자민당 연정과 동독의 에리히 호네커(Erich Honecker) 정권은 1969년부터 1982년까지 동서독 정부 간 공식적인 대화를 진행하여 화해와 협력의 기반을 다졌다. 특히, 1969년부터 1970년대 중후반까지 미국과 소련의 의구심이 완전히 가시지는 않았지만, 동서독 정부 간 대화는 기본적으로 국제정치적 긴장완화와 유럽 주변국들의 지지와 협조하에 이루어졌다. 1972년 12월 양독 간 체결된 기본조약은 향후 양독 관계의 정상화와 협력관계에 결정적인 기틀을 마련했다. 그리고 이 시기 빌리 브란트의 동방정책의 근본적 성과는 기본 조약이 국내에서 법적·정치적·대중적으로 확고한 지지기반을 확보했다. 야당 기민련의 지도적 정치가들은 초기에는 강력히 반대했지만, 이 시기에는 동방정책을 기본적으로 수용하고 지지했다. 이 시기 야당 지도자들이 동독과의 비공식적 대화에 참여할 수 있었던 것은 1980년대 동서독 간 대화의 지속과 관계발전에 결정적인 역할을 했다.

그 결과 1982년부터 1989년 동독 붕괴 직전까지 보수집권당이자 1970년대 전반기 동방정책을 완강히 반대했던 기민련/기사련 정치가들이 집권 초부터 일관되게 동방정책을 전면적으로 계승·확대했다. 이는 정권교체에 즈음하여 동방정책을 추진한 사민당 지도자들과 이 정책을 지지했던 비판적 시민사회와 여론의 우려와 예상을 뒤집는 것이었다. 국제적 냉전과 나토의 재무장 논쟁에도, 동서독 정상은 양독 간 '이성의 연합' 또는 '책임공동체'를 거론하며 대화와 협력을 지속적으로 천명하고 실천해갔다. 1980년대 중후반에 들어서는 여야를 막론하고 서독의 주요 정치가들은 양독 간 대화에 참여했고, 지역 간 및 사회 전 분야로 교류가 확대되었다. 1987년 호네커의 본 정상회담은 동독에 대한 서독정부의 실질적 승인이었고 동독 서방정책의 중요한 성과였다고 말할 수 있다. 그러나 동독 지도부는 이를 국내 정치적 개혁과 연결시키지 못하고 정치적으로 몰락하게 되었다. 한편, 헬무드 콜과 그의 참모들은 고르바초프의 외교정책의 변화와 동독시민들의 정치적 동요 및 통일에 대한 갈망에 부응하고자, 1989년 11월 동독의 '국가연합' 안을 변용·제안함으로써 독일 통일에 대한 결정적 이니셔티브를 장악했다.[11]

본래 동방정책은 독일문제 해결 없이 유럽의 진정한 평화는 불가능하다는 것이며, 여기에 유럽 강대국들의 협조를 요청한다는 구상이었다. 과거 유럽에 대한 독일의 책임을 통감하고, 이 의지를 동구 사회주의국가들과의 협정체결로 표현한 것이었다. 따라서 서독은 동방정책의 연속선상에서 CSCE를 향해 한 걸음 한 걸음 나아갔고, 이 과정에서 유럽의 현상유지, 군비통제, 미국과 소련의 참여하의 동구권과의 교류와 인권신장을 실천해나갔다. 즉, 당장 독일문제의 해결이 요원하기 때문에 현상유지를 인정하면서 접촉을 통해 독일문제의 후유증을 최소화하고자 했다. 브란트는 재임 이전부터 동방정책의 최고 정수라 할 수 있는 CSCE 구상을 고민했다. 사민당은 독일문제를 독일 내부문제가 아닌 전 유럽의 문제로 인식하고, 유럽의 화해를 위해 독일의 재통일은 당분간 유예했고, 이러한 구상에서 소련과의 조약, 동구권과의 협정, 그리고 기본조약을 차근차근 체결한 것이었다. 물론 CSCE는 닉슨(R. M. Nixon)과 브레즈네프(L. I. Brezhnev) 간 데탕트 합의라는 국제정치적 요인이 긍정적으로 작용한 점을 무시할 수는 없다.[12] 어쨌든 서독은 헬싱키선언으로 여행의 증대, 독일인 원주민

---

11) 이동기, 「분단시기(1949~1989) 동독과 서독 간 대화와 협상」, ≪사림≫, 30호 (2008), 76~94쪽 요약.

의 서독 귀환 등 동서독 간의 접촉과 교류협력을 확대했다. 이러한 점에서 브란트의 동방정책은 예전 동방정책과는 명백하게 차이가 있었다. 양 정책 모두 서독의 독일문제에 대한 입지 강화와 긴장완화 유도는 비슷하나, 그 추진방법에서 전자가 동독을 실질적으로 인정하고 있는 반면, 후자는 동독의 고립을 추구했다. 브란트는 할슈타인원칙을 폐기함으로써 독일의 단독대표권을 포기하고 동독의 수교국 확대를 지원했다.

CSCE는 본래 무기통제와 경제협력을 의제로 미국 배제를 유도한 소련의 요구사항이었다. 그러나 1970년대 데탕트 분위기 속에서 서독의 동방정책이 적극적으로 현실화되고 서방진영도 새로운 유럽질서 형성을 위해 인권 조항의 신설을 강력히 요구함으로써 소련의 초기구상은 실현되지 못했다. CSCE에 주저했던 나토 회원국들이 브레즈네프의 주권제한론을 무력화시킬 도구로 CSCE를 받아들이기 시작했기 때문이다. 나토(North Atlantic Treaty Organization: NATO)는 CSCE의 논의 초점을 ① 국가들 간의 안보문제 및 통치관계, ② 사람들의 통행, 정보와 지식 그리고 문화적 관계에 있어 자유로운 이동, ③ 과학기술 부분과 경제협력, ④ 인권향상 등으로 집중했다. 실제로 CSCE는 안보, 경협, 인권의 세 가지 바스켓으로 논의되었는데, 인권 분야는 소련이 거부했던 조항이었으나 미국이 강력하게 협상의제로 넣었다. 소련은 바스켓1을 관철시키기 위해 불가피하게 바스켓3을 양보할 수밖에 없었다. 이는 소련과 동구 사회주의국가

---

12) CSCE가 형성된 시기의 국제환경은 냉전체제 속의 데탕트로 요약할 수 있다. CSCE는 안정화된 냉전체제하에서 가능한 것으로, 유럽의 세력균형 질서 유지에 기여했을 뿐만 아니라 그 속에서 점진적인 질서 변화의 발판이 되었다. 결국 헬싱키 프로세스는 현상유지의 안정화를 통해 부드러운 현상 타파를 가져온 역설적 효과를 실증해준 것이다. 서보혁, 「다자안보협력의 제도화 경로: C/OSCE의 경험과 동북아 적용 방안 연구」, 《국제정치논총》, 49집 2호(2009), 16쪽.

의 체제전환에 지대한 영향을 주었다. 특히 이 과정에서 서독은 CSCE에서 평화적인 영토변경이 가능하다는 논리를 미국에 관철시키도록 주장했는데, 이는 독일 통일 시 소련의 반발을 무마할 수 있는 근거로 작용했다.[13)]

헬싱키 최종의정서 채택이 공전을 거듭하는 상황에서 서독은 이 난항을 진전으로 이끄는 데에 결정적인 역할을 했다. 서독은 소련과 모스크바조약으로 전후 국경인정과 상호불가침을 명문화했으며, 폴란드와의 바르샤바조약에서는 독일의 오데르-나이세 라인 동부지역에 대한 영토권 주장을 철회하고, 체코와는 수데텐 지역을 체코의 영토로 인정하는 조약을 체결했다. 이러한 서독의 대동구권 관계정상화 노력은 미소를 대화의 장으로 끌어들이는 촉진제 역할을 했다.[14)] 이러한 점에서 CSCE는 유럽 차원에서의 동방정책의 연장이었다고 할 수 있다. 헬싱키 협정은 법적 승인(de jure)이 아닌 사실상(de facto)의 현상유지를 인정했던 것이다.

독일의 영토 회복에 두려움을 가지고 있었던 소련은 서독의 동방정책에 의해 소련 지위의 중요성을 재확인하고 더 이상의 위협이 없다는 것을 확신하게 되었다. 과거 제2차 세계대전의 종식 선언과 독일의 무력포기는 소련에게 안도감을 제공해주기에 역부족이었는데, 헬싱키 협정에 따른 현상유지와 정상화 과정은 부분적으로나마 모스크바에 적지 않은 신

---

13) 미국은 소련의 범유럽안보협력 구상을 무시하다가 프랑스 드골 정부의 나토 탈퇴 및 소련의 유럽안보 구상 지지 현상을 보고 그 전략적 의미를 재검토했다. 미국이 한편으로 소련과 MBFR 및 전략무기감축협상에 임하고, 다른 한편 CSCE 논의에 전향적인 자세를 보인 것은 소련의 팽창과 미국의 소외를 견제하고 전후 유럽의 세력균형을 유지하려는 전략적 목표에 따른 것이었다. 같은 글, 17~18쪽.

14) 김종갑, 「유럽안보협력기구(OSCE)의 형성과정과 정책적 함의」, ≪외교안보연구≫, 6권 1호(2010), 193쪽.

뢰를 제공한 것이었다. 그렇다고 소련이 모든 것을 얻은 것은 아니었다. 소련은 동유럽에 대한 법적 지위는 인정받았지만 동시에 서유럽에 대한 사실상 지위를 포기해야 했기 때문에, 소련에게 국경선의 현상유지는 도움만 되는 사안은 아니었다.[15]

헬싱키 최종의정서 채택 이후 후속조치의 이행을 위한 회의는 베오그라드(1977~1978년), 마드리드(1980~1983년), 스톡홀름(1984~1986년), 빈(1986~1989년)에서 개최되었다. 특히, 빈 회의에서는 미국과 소련이 유럽안보에 대한 합의를 더 진전시켰다. 이러한 후속회의를 통해 정치범 석방 등 인권문제의 향상, 분단가족의 재결합, 동서 간 교류 및 이민의 장려, 방송의 점진적인 교류확대 등이 실현되었다. 더구나 고르바초프의 소련 인권정책의 근본적인 변화는 CSCE 발전에 중요한 역할을 했다. 1985~1986년까지에는 서구의 인권운동 캠페인이 동구 정권에 위협적인 것으로 간주되었음에도 고르바초프 정권은 개방과 개혁을 추진하기 위한 정치적 도구로서 이러한 인권정책들을 정식으로 채택했다. 그 결과 소련 내 유대계 이주민의 자유화, 정치적 반대자의 석방, 그리고 새로운 언론정책의 실시 등은 서방측으로부터 지지를 얻어냈고, 고르바초프의 개혁정책에 대한 소련 내 지식인 및 중산계급의 지지를 얻기 시작했다.[16]

---

15) 김진호, 「1969-74년 시기의 독일연방공화국의 독일정책과 CSCE」, ≪평화연구≫, 17권 1호(2009), 207~237쪽 요약.

16) 박흥규, 「유럽의 안보와 CSCE, ≪외교≫, 21(1992), 62쪽.

4. 동독의 변화와 CSCE

동독 역시 CSCE 발전과정에서 상당한 역할을 수행했다. 유럽의 집단적 평화보장과 경제협력에 대한 대책, 국경의 존중과 불가침 및 주권과 같은 기본원칙의 명기, 지역적 통합성의 명기 등은 동독의 국가이익과 직결되는 것이었다. 반대로 인권과 자유권 존중, 인도주의적 협력, 인간적 접촉, 여행가능성과 정보의 자유 등에 대한 요구는 동독에게 골칫거리였다. 자신의 민권을 지키기를 원했던 동독주민들은 최종문서의 바스켓3(인도주의적 협력)의 확정을 강력히 요청했으나, 인권문제의 직접적 위험을 잘 인식하고 있던 동독의 사통당은 이러한 시민의 요구를 거부하거나 제한적으로만 인정하기를 원했다. 이 사안에 대한 수차례의 논의 끝에, 동독은 오로지 국내 실정법적 유보조건을 둔 채 마지못해 동의했다. 본래 CSCE는 대내외적인 대화를 의미하는데, 동독의 지도부는 역사적으로 전략적이고 확고부동한 차단을 고수함으로써 이를 분리할 수 있다고 믿었다. 당시에는 대내적 대화가 존재하지 않았고 이를 주장하는 단체들이 지하로 밀려나 있었기 때문에 차단이 가능하다고 생각했던 것이다. 그러나 CSCE는 체제 간 단계적인 접근과 체제의 개방에 중대한 의미를 제공하는 틀이었고, 바스켓3은 결국 동독 인권운동의 정당성의 기초가 되었다.

CSCE 과정에서 변화를 강요받은 동독과 사통당은 고르바초프의 개혁·개방정책에 의해 훨씬 더 영향을 받게 되었다. 동독 존립의 전략적 의미가 큰 사회주의 강대국에서의 페레스트로이카와 글라스노스트는 모든 동유럽 국가에 심각한 파급효과를 파생시켰던 것이다. 특히 동독에 대한 파급효과는 대단했다. 동독에서 진행된 사회주의 체제의 문제점에 대한 광범위한 논의는 새로운 민주적 변화와 희망과 연계된 것들이었다. 소련의 개혁·개방정책에 힘입어 당시 동독에서는 "더 많은 민주주의, 더 많은 민권, 더 많은 대화, 더 많은 공개성, 더 많은 공공성, 더 많은 체제 개방"
등이 논의되었다. 시민의 절대다수가 이를 원했고 사통당 당원들도 이 논
쟁에 적극적으로 가담했다. 그러나 사통당 지도부는 전면적인 개혁·개방
보다는 사회주의를 민주화하려는 데 몸부림쳤다. 오히려 사통당 내에서
는 고르바초프 반대운동이 개진되었고, 그를 따르려는 당원들을 배신자
로 낙인찍었다. 그러자 사회주의 진영 내에서의 연대의식은 점차 희미해
졌고 동독은 진영 내에서 고립무원의 상태에 놓이게 되었다.17)

서독의 동방정책과 CSCE 과정이 동독의 체제전환과 독일의 통일에 미
친 영향을 특징적인 측면에서 살펴보면, 첫 번째, 서독의 동방정책은 동
독이 유럽안보협력회의 협정을 받아들이고 다른 나라들과의 쌍무협정을
많이 체결하는 데 도움을 주었다. 그런데 동독이 다른 나라와 체결한 다
무적·쌍무적 국제조약은 동독 내 체제개혁 지식인들의 활동 반경을 넓혀
주었다. 즉, 동독 내 체제개혁 세력들은 동독정부가 체결한 국제조약을
명분으로 삼아 정치체제, 인권침해, 국외여행의 자유, 평화문제 등을 항
시적으로 논의할 수 있었다. 동독당국은 이들의 활동을 억압하려 했지만,
이들은 헬싱키 협정이나 국제조약 등의 규정을 근거로 반론을 제기할 수
있었다. 그리고 그들의 요구는 반론에만 머물지 않고 점차 각종 사회단체
들을 결성하여 정치적 변화까지 요구했다. 결국 동독 내 체제개혁 세력들
은 동독의 시민을 동원하여 동독정부를 붕괴시키는 상황까지 만들었던
것이다.18)

첫 번째 특징과 연관되는 두 번째 특징은 헬싱키 최종의정서 인권조항

---

17) Rolf Reissig, 「구동독의 붕괴와 '현실사회주의'의 실패」(Bonn: 주독대사관, 1991),
    7~9쪽 요약.

18) 김재경, 「동독사회주의 실패원인」, ≪한국정치학회보≫, 28집 1호(1994), 545쪽.

이 동독의 시민사회를 재활성화하는 결과를 가져왔다는 사실이다. 헬싱키 협정 이후 소련 및 동구국가에서는 이를 감시하는 다양한 시민단체가 결성되었고, 각국의 사회운동단체들은 수평적 연대를 통해 헬싱키 협정의 준수여부를 감독했다.[19] 이는 감시단체가 없었던 동독에까지 큰 변화를 가져왔는데, 헬싱키 협정의 인권조항에 근거하여 1976년 10만 이상의 주민이 서독으로의 이주를 신청한 것이었다.[20] 또한 CSCE 회원국이고 서독에 경제적으로 의존하고 있는 동독정부로서는 동서독인들 간의 교류를 허용할 수밖에 없었다.[21] 그 결과 동독정부는 고르바초프의 개혁정책을 봉쇄하려 시도했지만 동독의 반체제 개혁세력은 더욱 활성화되어 갔다.[22]

---

19) 1976년 5월 소련에서는 그간 지역적으로나 명분상으로나 뿔뿔이 흩어져 있던 반체제 인사들이 자국 내 헬싱키 협정(Helsinki Accords)의 이행을 감독한다는 단일 목적으로 소위 헬싱키 그룹(Helsinki Group)을 결성했다. 전국적으로 확산된 이 헬싱키 그룹의 회원들은 1982년 해체될 때까지 당으로부터 각종 형태의 박해를 받으면서도 약 200건이나 되는 보고서를 서방언론에 보낼 수 있었다. 이는 체코, 폴란드, 헝가리의 상황에도 그대로 적용된다. 정은숙, 「다자안보 및 협력의 한 사례로서 CSCE: 아태지역 다자안보협력 구상에 즈음하여」(성남: 세종연구소, 1993), 5~6쪽.

20) 구갑우, 「국제기구의 인도적 '포용' 정책」, ≪국가전략≫, 7권 2호(2001), 36쪽.

21) 크리스토프 클레스만, 『통일과 역사 새로 쓰기: 독일 현대사에서 배운다』, 최승완 옮김(서울: 역사비평사, 2004), 117쪽.

22) 한운석, 「서독정부의 대동독 화해정책: 1949-1989」, ≪역사비평≫, 36호(1997), 235쪽. 동독의 민주화 세력은 1978년 이후 개신교 교회 내부에서 형성되어 줄곧 교회영역 안에서 비판적 정치활동을 했다. 그러다 1986년 '평화와 인권 이니셔티브' 등 동유럽의 민권운동의 영향을 받은 이 그룹들은 통합사회당이 사회의 전 영역을 통제하는 것을 비판하면서 언론, 사상, 집회 및 결사의 자유를 비롯한 시민의 기본권을 보장하고 동독체제를 민주적으로 개혁할 것을 주장했다. 그리고 1987년 고르바초프의 개혁정치에 의해 한층 박차를 가하게 되었다. 최승환, 「동

세 번째, 동독시민이 서독 방송을 자유롭게 시청할 수 있었던 것도 동독 체제전환의 주요한 원인 중 하나였다. 동독에 외부사조를 유입하는 채널의 역할을 한 것은 동서독주민들의 상호방문을 통한 인간적 접촉, 동독 이탈주민의 서독체험담 전파, 우편물, 문화와 학문 분야에서의 접촉, 스포츠 교류, 도시자매결연 그리고 동독 내 대부분의 지역에서 서독의 TV를 시청할 수 있었던 것 등이었다. 그런데 그중에서도 가장 결정적인 역할은 동독주민들이 서독의 TV를 시청할 수 있었던 것과 동독에서 서독으로 이주한 사람들이 동독에 남아 있는 친지들에게 서독의 발전상을 전달한 내용이 입소문을 통해서 퍼져나간 것이었다.[23] 이것이 대량난민사태의 발생과 저항운동의 분출로 이어진 것은 당연한 것이었다.[24]

네 번째, 동독인들의 서독으로의 대규모 탈출이 동독 붕괴에 결정적 역

독의 민주화 세력 연구」, ≪서양사론≫, 57호(1998), 66쪽. 그러나 이 과정에서 서독정부는 동독의 소수 반체제 운동가들을 별로 지원하지 않았다. 분단 상황에 근본적인 변화가능성이 확실하지 않은 상황에서 서독정부는 그러한 지원을 통해서 그때까지 발전시켜온 동서독 관계를 악화시키고 싶지 않았기 때문이었다. 1989년 11월 9일 이후 통사당이 붕괴하자 비로소 서독정부는 독일정책에서 새로운 전략을 필요로 하게 되었다.

23) 정상돈, 「동독이탈주민을 통한 대동독 외부사조 유입사례: 교훈과 시사점」, ≪동북아안보정세분석≫(2011.10.28).

24) 1954년부터 동독 언론인들은 서독에 특파원으로 상주할 수 있었던 반면, 서독 언론의 동독 특파원 파견은 1972년 동서독 정부 간 '언론인의 활동 자유 및 보도행위' 조약이 체결됨으로써 가능해졌다. 서독 언론사의 동독 특파원 파견은 개별 언론사가 동독정부에 허가를 받도록 되어 있었고 동독정부는 신청자 중에서 특파원을 선별했지만, 서독 여론에 주요한 영향력을 미치는 서독 언론사에 대한 동독정부의 비자 거부는 거의 없었다. 1973년 동독은 '동독 내 외국의 언론사와 특파원 활동에 관한 규정 및 시행령'을 통하여 서독 특파원 활동에 대한 통제와 감시를 했다. 한국유럽학회, 『독일의 통일외교정책과 한반도에의 시사점』, 통일부 용역과제(2010), 34~35쪽.

할을 했다. 대량탈출 이외에 동독정부의 허가를 받아 합법적으로 이주하는 방법도 있었다. 당시 동독정부는 헬싱키 협정의 인도주의적 입장에서 이산가족의 상봉문제나 주민들의 여행의 자유, 거주이전의 자유를 존중해야 할 의무가 있었다. 따라서 이산가족 상봉 및 재결합의 문제가 크게 대두되었다. 또 하나 합법적인 이주를 도운 것은 서독이 비밀거래를 통하여 동독의 정치범에 대해 그들의 몸값을 동독에 지불하고 서독으로 데려오는 방법을 쓴 것이었다. 서독으로 탈출하려는 동독인들은 탈출의 중간 지점으로 헝가리, 체코슬로바키아, 그리고 폴란드를 선택했다. 이들 국가들은 유엔난민협약에 의거 동독의 탈출자들을 난민으로 인정했고, 그들의 인권을 존중하여 본인들이 원하는 곳으로 가도록 도와주었기 때문이다.[25]

결론적으로, 동독을 체제전환하고 독일을 통일시킨 것은 핵무기의 공포가 아니라, 오히려 동서 간 화해와 협력이었다. CSCE는 서유럽과 동유럽의 교류의 문을 열었으며, 이로부터 동서독 간 사회적·경제적 체제경쟁이 활성화되었다. 서방과의 교류를 통해 동독의 주민들은 자신들의 미래에 약속된 것이 이미 서독(서구)에 실현되었다는 것을 알게 되었고, 자신의 체제에게 부족한 것은 무기가 아니라 권력에 대한 민주적 통제라는 사실을 점차 인식하게 되었던 것이다.[26]

---

25) 정용길, 「통일전 동독인들의 서독으로의 탈출과 이주」, ≪북한학보≫, 34집 2호 (2009), 76~101쪽.

26) 구춘권, 「세계질서의 변화와 유럽의 안보협력」, ≪국제정치경제연구≫, 3집 (2001), 44~45쪽.

5. 한반도에 주는 시사점

로버트 저비스(Robert Jervis)의 이론을 원용하면, 다자간 안보협력체로서 CSCE가 형성된 요인에는 긍정적인 국제환경, 미소 강대국의 전략적선택, 유럽 대다수 국가들의 지지와 참여, 세계대전의 경험, 그리고 여기에 전후 유럽안보질서의 안정화 기대 등을 들 수 있다. 물론 이러한 요인들의 형성에는 많은 시간이 들어가지만, 일단 형성되고 나면 제도화의 국면에 들어서는 불가역성의 특징을 가지고 있다.

CSCE의 포괄적 안보협력은 양 진영 모두에게 이익이 될 수 있음을 보여주면서 성공적으로 출발했다. 소련과 동유럽은 기존 국경의 인정, 독일의 통일 가능성의 배제와 함께 유럽의 전략적 안정을 기대할 수 있게 되었고, 미국과 서유럽은 CSCE의 진행을 동구권의 자유화가 진척되는 계기로 파악함으로써 궁극적으로 안보위협의 감소를 전망했다. 그 결과 1975년 8월 1일 동서 진영뿐만 아니라 비동맹 및 중립국을 포함한 35개국이 참여하는 CSCE가 개최되었고, 여기서 국가 간 관계를 규정하는 기본원칙으로 헬싱키 최종의정서가 채택되었다. 최종의정서는 크게 정치·군사 분야, 경제·환경 분야, 인적 분야 등 세 가지 바스켓으로 구성되었다. 무엇보다도 CSCE가 가지는 역사적 의미는 민감한 인권문제를 다루었다는 점이고, 이는 동구 사회주의국가들의 체제전환을 추동하는 자양분의 역할을 했다.

박근혜 정부에 들어와서도 한반도 문제를 중심으로 동북아 다자협력체에 대한 논의가 진행되고 있다. 또한 북한의 체제전환을 위해서는 피포위 의식(siege mentality)을 해소해주어야 하고, 이는 곧 협력적 안보환경을 조성하는 것이라는 주장도 제안되고 있다. 북한의 체제위협 의식이 강화되면 될수록 북한은 점점 더 폐쇄적인 정책을 고수할 것으로 전망되기 때문이다. 그러나 유럽과 동북아의 안보환경의 차이로 인해 유럽의 경험을 그대로 동북아에 적용하기에는 적지 않은 무리가 있다는 주장도 있다. 유럽의 경험은 동북아의 안보환경을 고려하여 제한적으로 수용하고 거기에 동북아의 맥락을 반영한 합리적 방법을 추구해야 한다는 것이다. 그럼에도 CSCE의 사례가 한반도를 비롯한 동북아에 주는 시사점은 정치적·군사적 신뢰구축과 포괄적 협력을 선순환 관계하에 추진하여 안보레짐을 형성할 수 있다는 점이다.

냉전체제와 같이 적대적 또는 비우호적 상황에서의 안보협력은 포괄적 성격을 갖는 것이 중요하다. 높은 수준의 정치군사적 신뢰(high politics)의 구축은 낮은 수준의 사회경제적 협력(low politics)과 동시적으로 그리고 포괄적으로 진행되어야 가장 효과를 낼 수 있기 때문이다. 사회경제적 협력은 물론 인도주의적·문화적 협력도 정치군사적 협력만큼 중요한 안보협력으로 이해되어야 한다. 그리고 협력의 진행은 당장 상호이익이 될 수 있는 사안으로부터 시작하여 높은 수준의 협력이 요구되는 사안으로 확대해야 한다.[27]

---

27) 같은 글, 43쪽.

참고문헌

1. 국내문헌

구갑우. 2001. 「국제기구의 인도적 '포용' 정책」. ≪국가전략≫, 7권 2호.

구춘권. 2001. 「세계질서의 변화와 유럽의 안보협력」. ≪국제정치경제연구≫, 3집.

김재경. 1994. 「동독사회주의 실패원인」. ≪한국정치학회보≫, 28집 1호.

김종갑. 2010. 「유럽안보협력기구(OSCE)의 형성과정과 정책적 함의」. ≪외교안보
연구≫, 6권 1호.

김진호. 2009. 「1969-74년 시기의 독일연방공화국의 독일정책과 CSCE」. ≪평화연
구≫, 17권 1호.

바그너, 헬무트(Helmut Wagner). 2007. 「특수사례로서 동독의 체제전환: 특별한 조
건과 예외적 결과」. ≪현대북한연구≫, 10권 3호.

바이메, 클라우스 폰(Klaus von Beyme). 2000. 『탈사회주의와 체제전환』. 이규영 옮
김. 서울: 서강대학교출판부.

박흥규. 1992. 「유럽의 안보와 CSCE」. ≪외교≫, 21.

서보혁. 2009. 「다자안보협력의 제도화 경로: C/OSCE의 경험과 동북아 적용 방안 연
구」. ≪국제정치논총≫, 49집 2호.

손영원. 1995. 「동독의 몰락과 설명유형론」. ≪독일학지≫, 13.

신인아. 2012. 「서독 신동방정책의 의의와 남북관계에 주는 교훈」. 박경서 외. 『헬싱
키 프로세스와 동북아 안보협력』. 파주: 한국학술정보.

유팔무. 1996. 「(구)동독 사회의 구조와 사회불평등 체계의 변화」. 김채윤·장경섭 편,
『변혁기 사회주의와 계급·계층』. 서울: 서울대학교출판부.

외교통상부 편. 2010. 「OSCE개황」.

이동기. 2008. 「분단시기(1949-1989) 동독과 서독 간 대화와 협상」. ≪사림≫, 30호.

정상돈. 2011. 「동독이탈주민을 통한 대동독 외부사조 유입사례: 교훈과 시사점」.
≪동북아안보정세분석≫(2011.10.28).

정용길. 2009. 『독일 1990년 10월 3일』. 서울: 동국대학교출판부.

_____. 2009. 「통일전 동독인들의 서독으로의 탈출과 이주」. ≪북한학보≫, 34집 2호.

정은숙. 1993. 「다자안보 및 협력의 한 사례로서 CSCE: 아태지역 다자안보협력 구상
에 즈음하여」. 성남: 세종연구소.

정흥모. 2001. 『체제전환기의 동유럽 국가 연구』. 서울: 도서출판 오름.

최승환. 1998. 「동독의 민주화 세력 연구」. ≪서양사론≫, 57호.

클레스만, 크리스토프(Christoph Klessmann). 2004. 『통일과 역사 새로 쓰기: 독일 현대사에서 배운다』. 최승완 옮김. 서울: 역사비평사

한국유럽학회. 2010. 「독일의 통일외교정책과 한반도에의 시사점」. 통일부 용역과제.

한운석. 1997. 「서독정부의 대동독 화해정책: 1949-1989」. ≪역사비평≫, 36호.

Rolf Reissig. 1991. 「구동독의 붕괴와 '현실사회주의'의 실패」. Bonn: 주독대사관.

엮은이

이수훈
미국존스홉킨스대학교(Johns Hopkins University) 사회학 박사
현재 경남대학교 교수 겸 극동문제연구소 소장
주요 저서: 『한반도 통일론의 재구상』(공저, 2012), 『동북아 공동의 미래를 생각한다』
    (2013) 외 다수
주요 논문: 「탈냉전·세계화·지역화에 따른 동북아질서 형성과 남북관계」(2009) 외 다수

지은이(가나다순)

구갑우
서울대학교 정치학 박사
현재 북한대학원대학교 교수
주요 저서: 『국제관계학 비판: 국제관계의 민주화와 평화』(2008), 『북한의 국제관과
    동북아 질서』(공저, 2011) 외 다수
주요 논문: 「녹색평화국가론과 한반도 평화체제」(2010), 「아일랜드섬 평화과정 네트
    워크의 형태변환」(2013) 외 다수

김갑식
서울대학교 정치학 박사
현재 국회입법조사처 입법조사관
주요 저서: 『한반도 평화체제 거버넌스 활성화 방안』(2007), 『꼭 알아야 할 통일·북한
    110가지』(공저, 2011) 외 다수
주요 논문: 「남북기본합의서에 대한 북한의 입장」(2011), 「김정은 체제의 특징과 향후
    전망」(2012) 외 다수

박병인

러시아 모스크바 국립대학교(Moscow State University) 경제학 박사

현재 경남대학교 극동문제연구소 연구교수

주요 저서: 『한반도 관련 중국의 협조방안』(공저, 2011) 외 다수

주요 논문: 「동북아 안보질서의 변화와 북한의 인식」(공저, 2011) 외 다수

이정우

성균관대학교 정치학 박사

현재 경남대학교 극동문제연구소 연구교수

주요 저서: 『지속가능한 통일론의 모색』(공저, 2014) 외 다수

주요 논문: 「북한의 국력과 군사력에 대한 평가」(2012), "The Reinforcement of Military Capability and Its Effects in Asia"(2013) 외 다수

최봉대

서울대학교 사회학 박사

현재 경남대학교 극동문제연구소 연구교수

주요 저서: 『동북아 지역협력과 북한의 체제전환: 시나리오를 통해 본 동북아 미래구도』(공저, 2012) 외 다수

주요 논문: 「북한의 지역경제협력 접근방식의 특징」(2011), 「북한의 도시 연구: 미시적 비교의 문제틀 모색과 방법적 보완 문제」(2013) 외 다수

최완규

경희대학교 정치학 박사

현재 북한대학원대학교 총장

주요 저서: 『북한 '도시정치'의 발전과 체제변화』(2007), 『동북아 질서 재편과 북한의
　　　　　정치경제적 변화』(공저, 2010) 외 다수

주요 논문: 「북한 체제의 지탱요인 분석: 쿠바 사례와의 비교론적 접근」(2006), 「김대
　　　　　중 정부 시기 NGO 통일교육의 양극화 현상」(2011) 외 다수

한울아카데미 1609
경남대 극동문제연구소 북한연구 시리즈 41

사회주의 정치·경제 체제전환과 글로벌 거버넌스

ⓒ 이수훈, 2014

엮은이 | 이수훈
지은이 | 구갑우·김갑식·박병인·이수훈·이정우·최봉대·최완규
펴낸이 | 김종수
펴낸곳 | 도서출판 한울
편집책임 | 이교혜
편   집 | 김정현

초판 1쇄 인쇄 | 2014년 1월 2일
초판 1쇄 발행 | 2014년 1월 10일

주소 | 413-756 경기도 파주시 광인사길 153 한울시소빌딩 3층
전화 | 031-955-0655
팩스 | 031-955-0656
홈페이지 | www.hanulbooks.co.kr
등록 | 제406-2003-000051호

Printed in Korea.
ISBN 978-89-460-5609-1 93340

* 책값은 겉표지에 표시되어 있습니다.

이 저서는 2011년도 정부 재원(교육부 인문사회연구역량강화사업비)으로 한국연
구재단의 지원을 받아 연구되었습니다(NRF-2011-413-B00005).